马云

格局决定一切

张莉平◎著

时事出版社

前言

“深凹的颧骨，扭曲的头发，淘气地露齿而笑，拥有一副 5 英尺（1.53 米）、100 磅（45 千克）的顽童模样，这个长相怪异的人有着拿破仑一样的身材，同时也有着拿破仑一样伟大的志向。”美国《福布斯》杂志这样评论马云。

马云确实貌不惊人，他身材瘦小、相貌奇异。他智力上跟常人无异，数学成绩奇差，高考两次落榜，好不容易考进大学，毕业后成为大学讲师。本该安稳地过完一生的他，身体里却充满了狂热的基因，无法安于现状。偶然之中他接触了电脑，知道了互联网这一新生事物，便毅然辞职下海，创办了中国第一个商业网站“中国黄页”。他对电脑几乎一窍不通，却缔造出无可匹敌的电商神话。他被全球赞誉，更被认为是中国的比尔·盖茨。

他在创业路上几乎一路高唱凯歌，短短十多年，便以无敌于天下之势纵横网络世界，但却在地位与权势如日中天、鲜花与掌声最多之时，悄然褪下戎装，卸掉辉煌，宣布要停止工作，去享受生活。

马云向来不按常理出牌，行事自我独立。在互联网这个江湖世界中，他的招式没有套路，总是变幻莫测、出神入化，从最初阿里巴巴的电子商务到淘宝网，从 B2B 到 C2C，每一次商业模式的转变都让人摸不着头脑。

他有无限激情和热情，同时又讲究务实行事，追求踏实作风。他说自己不只为赚钱而工作，更愿意为更多人能赚到钱而努力。他知人善用、看重能力。他带领一帮普通人组成的团队，做出了不普通、不平凡的事情。他不为得到融资而放低身段，反而在公司上市后越发低调。

毋庸置疑，马云取得了巨大的成功。这种成功，与他的格局观念是分不开的。马云说："'格'是人格，'局'是胸怀。"在马云看来，人生要有大格局，要站在长远的角度思考和判断问题。格局大小，并非是一句空话，而是看一个人是否会做人、善做事。真正有大格局的人，必然有开阔的视野，这种视野可引领他领悟到不一样的高度；真正有大格局的人，会珍惜当下，以大格局的眼光看待万物，可以更高效地完成任务，以更加开放饱满的心态去为人处世。

中国有句古话叫做"谋大事者必须要布大局"。临危不乱、处变不惊、高瞻远瞩、敢想敢干……这些都是马云的魅力所在。本书以格局为切入点，分别从战略、团队建设、营销策略、竞争谋略、经商核心、资本市场、处世哲学等角度展开叙述，让我们知晓马云如何从格局的高度去铺排布局，如何从最初的草根创业者成为互联网行业的领头羊。同时，将事例、理论和实践相结合，就当下创业群体的一些困惑予以剖析和解答。我们将从书中体悟到马云的格局观念，吸取马云成功的智慧。

目录
Contents

NO.1 用远见，赢未来：马云谈战略的格局

NO.2 用包容，赢人心：马云谈团队建设

NO.3 用眼光，赢市场：马云谈营销策略

NO.5 用成就，赢客户：马云谈经商的核心

NO.6 用胆识，赢财富：马云谈资本的市场

NO.8 用愿景，赢支持：马云谈时代的视野

NO.9 用胸怀，赢人生：马云谈处世哲学

NO.1

用远见，赢未来：

马云谈战略的格局

1. 小公司的战略：活下来，挣钱

马云说过："战略有很多意义，小公司的战略简单一点，就是活着，活着最重要。"对于任何一家企业而言，最重要的一件事情就是生存下来。只有盈利，才能有机会继续发展，如果罔顾公司的财务状况而一味地扩张，即使名声再大，这家企业也不会走得太远。

活下来，挣钱盈利，这一简单的生存战略无论是对大公司还是小公司而言，都同样适用。

先生存，再盈利

战略是一个公司不断前进的方向，它如同浩瀚海洋上的灯塔一般。如果战略失误，企业那艘大船就难免偏离航线，甚至触礁沉船。在阿里巴巴发展初期，马云有一段时间一味追求国际化，并过早实施向海外市场进军的战略，这次重大决策的失误一度让阿里巴巴濒临险境，甚至差点破产。

在成立阿里巴巴之前，马云已成功地做出了中国黄页，同时还在在外经贸部工作过，这些经验让他在刚成立阿里巴巴时，对未来的走向就极其明确。马云将阿里巴巴定位为"中国中小企业贸易服务商"，这不仅吸引了大批客户，而且使其名头在互联网世界里越来越响亮。连续 4 年，阿里巴巴都被《福布斯》评为全球最佳电子商务网站第一名。

阿里巴巴飞速发展，成为从互联网世界脱颖而出的一匹黑马。1999 年 2 月阿里巴巴网站正式上线，同年 7 月便拥有 3.8 万名会员，到了 9 月，会员数量呈几何状增长至 8 万名，库存买卖信息已经超过 20 万条，平均每日新增 800 条。1999 年底，阿里巴巴的注册会员总数已突破 10 万。可以说，短短一年时间里，阿里巴巴就创造了中国互联网历史上的奇迹，也让人们看到了电子商业的巨大潜能。阿里巴巴就这样高调地走入人们的视野当中，马云也迅速筹集到充裕的资金。他决定放手大干一场，让阿里巴巴走出国门，走向世界。

2000 年，马云顺利融资几千万美元，决定正式向海外市场进军。同年 2 月，马云带领阿里巴巴的一批精锐力量来到欧洲。他将欧洲作为阿里巴巴走向世界舞台的第一块跳板，并豪情万丈地表示："我们将从这里一个国家一个国家地杀过去，从欧洲杀到南美洲，再杀到非洲。要不了多久，也许是 9 月，我们就会把旗帜插到纽约，插到华尔街。告诉世界：嘿！我们来了！"

然而，天不遂人愿，时间一晃就到了 9 月，阿里巴巴并没有如马云当初所设想的那般进军纽约市场，反而为他的一时冲动和快速扩张付出了惨重的代价。高速扩张为阿里巴巴赚足了眼球，但同时也导致其运营成本不断攀升，设立在世界各地的办事处每天都在烧钱，且花销相对当时的收入来说相当大。2000 年年底，盛极一时的互联网泡沫彻底破裂，给了阿里巴巴致命一击。当时的阿里巴巴账面上只剩下 700 万美元。仿佛多米诺骨牌效应一般，当时许多家不久前还在市场高度活跃的互联网公司一夜之间就从资本市场上销声匿迹了。

可见，在瞬息万变的资本市场中处处是诱惑、处处是陷阱。当企业处于发展的初级阶段时，最重要的是要打牢根基，以生存和盈利作为根本战略指南，才能为之后的发展夯实基础。盲目扩张的结果就如同为公司披上一件外表华丽而里面却布满虱子的袍子，只会让企业迅速陨落。

壮士断腕，回归起点

马云心里很清楚，按照这个趋势发展下去，阿里巴巴很快会步那些公司的后尘，关门大吉。那段日子里马云日日把自己关在办公室里，苦苦思索阿里巴巴未来发展的方向。为了保住阿里巴巴，马云决定停止市场扩张，保存元气，全球大幅裁员。而裁员必然会引起公司上下躁动，马云为了安抚公司员工，切实可行地提出阿里巴巴未来的发展目标与计划，让员工原本躁动不安的情绪安定了下来。马云对员工说："如果你认为我们是疯子，请你离开；如果你专等上市，请你离开；如果你带着不利于公司的个人目的，请你离开；如果你心浮气躁，请你离开。"

除了大批裁员、稳定局面以外，马云还将这次的战略称为"回到中国"，就像他后来在宁波进行演讲时所说的："在互联网泡沫破裂、整个互联网最艰难的时刻，阿里巴巴回到中国，把总部从上海撤回了杭州。放弃国内其他市场，对阿里巴巴来说是非常艰难的选择，但我认为这次最重要的是回顾起点，实实在在地做事。迄今为止，这是阿里巴巴第一次裁员。我跟会员们说，2000 年我们选择把美国工程师灭了，如果再晚半年，可能连公司都没了。不是我们聪明，而是没有办法了。当时我们已经在实施‘回到中国’战略，但是没有向外透露。对外，我们一直说阿里巴巴仍在大力拓展海外市场。结果我们的一些竞争对手跟风去打海外市场，去了，就关门了，没能回来。”

所以说，在企业的发展过程中，生存是第一要务，只有生存下去，才有机会去迎接下一步的挑战。如果企业走到了破产的境地，那么挑战和竞争也就无从谈起，任何所谓的发展战略也就毫无意义。虽然马云一开始和大部分企业家一样，忽视了潜在的危机，一味地加入抢占市场的战争中，但作为企业的管理者，他适时调整了战略，将生存作为企业发展的最高战略。正因如此，阿里巴巴才在以后的日子里发展成为互联网界巨头。

2. 所谓战略：战和略是不同的能力

马云曾在一个论坛中谈论关于战略、战术的话题，他提到：战和略是两种不同的能力，把战和略合在一起是一门艺术，但并非人人会懂、能懂或应该懂。谈战略如同谈艺术，真正的艺术家是不谈论艺术的，只有那些似懂非懂的艺术家才会谈论艺术。战略也是如此，大部分人能看懂的是战术，而不是战略。

战略是公司取得成功不可或缺的一部分，对于战略，马云则认为："很多人都喜欢谈战略，尤其是喜欢分析和谈论、指点别人的战略。"但是真正强硬而有力的观点，却是少有的。战略包括战和略两个部分，二者是不同的能力，而且是极高的能力。

所谓战略

何为战？何为略？所谓战，即是作战、打仗；所谓略，即是计谋。现如今的许多企业在企业规划中都是有战无略的，企业管理者往往不能认清市场情况，不能静下来思考企业到底需要什么？在市场越做越大的同时，容易被眼前的巨大利润所迷惑，追逐于一时的短期效益，从而使企业丧失了核心竞争力，最终在市场上销声匿迹。战和略是两个不同的概念，在企业的发展中能够被人看懂的是战术，而不是战略，正如马云所说："就像和高手下围棋，你能看到他的每一步棋，但是你很难弄懂他的每一步棋的真正意图。"高手下棋，正如企业管理者管理企业，他走的每一步都有目的，都是经过深思熟虑之后决定的。

2014 年，阿里巴巴入股恒大冰泉的话题热度非常高，其首席运营官张勇就任恒大俱乐部的新任董事长。关于阿里为什么要做足球？马云这样说："我连什么是越位都搞不懂，但不明白，就不会纠结。"而之后余额宝出现，这种极具时代创新的互联网金融带给人们的几乎是平地惊雷般的震惊，但是这种新生事物却让传统企业举步维艰。对于网上传言的马云要打压传统企业的说法，他这样说道："我们的计划是未来三五年和传统行业一起提升，帮助传统行业进入互联网。”马云曾经有过一个预言：“如果过去的 20 年属于互联网企业，那么未来的 30 年属于传统企业，传统企业会因互联网而发生裂变、重构和创新。”这或许就是马云和传统企业合作的原因，他清楚地认识到传统企业的强大和不可替代。

关于战略马云曾举过这样一个例子，他说：“打仗的时候是不能给士兵们人人发望远镜的，因为他们拿到了望远镜看见那么多的敌人和机枪，就不敢冲锋了。士兵的职责是拿下山头，而望远镜是领导们必须要有的。”战略和战术是两个完全不同的理念，它们是相对的，在企业发展过程中，能被看懂的行为是战术，而战略需要亲身经历才能理解。战略是目的、核心和理论；战术是方法、手段和技术。在企业管理中，管理者需要制定正确的战略，知道自己所走的每一步，并具有高瞻远瞩的目光和见识，能清楚地知道公司每个阶段的目标和任务。

那么，在企业的发展中，应该如何制定战略、如何投资呢？马云表示：“我们知道，当街上的老太太都在讨论该买股票时，你就该退出股市了。当老太太们都可以看懂你的每一次并购行为，分析出你的每一步战略时，那你肯定出问题了。”正确的战略既能让企业充满活力，又能使企业有序发展。战略是长久性的，是经过长时间做出的策略，是个人能力的最佳展现，同时又是企业发展的重要依托。做出一项正确的战略，需要企业管理者有长远的目光，既能立足当下，又能够放眼未来，全面把握市场局势，只有真正地把握市场的变化方向，一个正确的战略部署才能发挥其巨大的效力。

战略才是长久之计

马云在《阿里巴巴正传》中这样说道："我们是通过15年的布局，慢慢形成了网络效应。这就是战略的威力。"阿里巴巴成功上市的当天，其市值不但超过了腾讯和百度，而且是两者市值之和。阿里巴巴从最初做网页到现在，在企业战略布局方面，马云最有发言权，他作为一个IT行业的外行人，却被公认为中国互联网行业的领军人物。我们不得不说马云的战略布局堪称完美，让阿里巴巴从众多互联网公司中脱颖而出，而战略便是马云和阿里巴巴最强的武器。

2003年7月10日，淘宝公开亮相。eBay（即易趣）虽然没有太在意，但是也清楚，淘宝的问世是阿里巴巴对eBay的叫板，随后eBay的女掌门、全球总裁惠特曼立即表态："它最多存活18个月。"作为中国本土的企业，结合中国市场具体情况，淘宝做的是将小企业带入互联网的世界中，因为中小企业在中国有着强大的用户基础市场；而eBay坚持的C2C路线，中国没有美国二手商品买卖的传统，而显得水土不服，它注定是会被中国市场淘汰的。

既然淘宝是面向中小企业的，马云就在淘宝成立的新闻发布会上高调地宣布"三年之内免费"，这使淘宝在个人交易商品数量、排名等指标上实现了对eBay的超越，最终这场生死较量以eBay的失败而告终。淘宝的"三年之内免费"使中小企业向其靠拢，这个长远的战略决定促使淘宝在互联网市场的企业份额不断增加，为阿里巴巴带来了最大的升值。企业要想得到长久的发展，存活时间更久，战略至关重要。在当今时代，互联网行业竞争十分激烈，企业的发展方向及战略布局尤为重要，只有明确企业的发展目标，思路才会更清晰。马云表示：“如果我今天不去看5年、8年以后的布局，8年以后就‘死’掉了。

在企业战略布局方面，作为管理者，要积极主动地在竞争中影响、预测事情的发展方向，随着中国市场体制的不断完善，企业的发展在不断加剧，要想实现企业更强、更大、更长久的目标，必须做好战略定位。

3. 别做游戏参与者，要做规则制定者

在企业的发展过程中，战略是至关重要的因素，它在某种程度上决定着一个公司的成败。所以对于企业管理者来说，制定战略一定要谨慎，一个小小的失误可能会给公司带来灭顶之灾。因此，企业管理者在制定战略时既要顾全大局，又要学会改变策略，这样才可能给企业的发展带来转机。

马云曾在接受《日经》杂志采访时说：“在过去的3年中，真正相信我们的人并不多，因为我们在做一件其他人从来都没有做过的事情。但是我们对自己有信心，我们知道自己的使命……结果，我们成功了……我们成为存活下来为数不多的网络公司之一，也成为网上国际贸易的领导者。”

制定新规则

在企业界有这样一种说法：一流企业知道如何制定规则；二流企业知道如何创建品牌；三流企业知道如何制定价格。制定规则之所以这么重要，是因为新的规则可能打开一个新的市场，使企业的发展进入一个新的纪年。21世纪是一个变化莫测、竞争激烈的世纪，因此在21世纪，企业要想长久地发展下去，就要学会制定新规则。

2015年3月5日，在十二届全国人大三次会议上，李克强总理在政府工作报告中首次提到“互联网+”行动计划。李克强提到，制订“互联网+”行动计划，应推动移动互联网、云计算、大数据、物联网等与现代制造业结合，促进电子商务、工业互联网和互联网金融健康发展，引导互联网企业扩展国际市场。一时间“互联网+”成为社会关注的热点，并且成为中国经济未来走向的重要因素。“互联网+”有利于促进传统产业的升级，有利于实体经济和虚拟经济共同发展。充分加强互联网与现代社会经济的紧密融合，使互联网成为现代经济社会提供公共服务的重要手段。

马云再次从这个社会热点中发现了新的机遇，正如马云自己所说的那样：“不做游戏的参与者，要做规则的制定者。”现在许多人都说虚拟经济抢占了实体经济的市场空间，不少人开始为实体经济的未来担忧，并表示对实体经济的未来很是悲观。可是马云却认为：在21世纪，随着IT行业走向传统行业领域，互联网公司要思考，除了创新，还要制定新规则。马云这样说道：“未来30年的机会在哪里？今天我们所有人都在思考。互联网冲击了你的公司、你的行业、你的城市，你应该改变你自己，去适应这个未来。所以我觉得未来的机会在于人们称颂的‘互联网 +’。互联网加上传统经济，才等于我们未来巨大的机会之所在。”

马云认为：互联网经济不是虚拟经济，它是把虚拟经济和实体经济联合在一起。这样才能成为这个时代的赢家。2016 年 1 月 1 日马云在浙商总会上发表演讲时称：“‘双十一’期间 70% 的商家都是新实体，这些企业在 3 年前都没听说过，它们完全是按照新新人类的消费需求出现的。”如今，我们可以看到越来越多的实体店入驻淘宝，使得实体经济的线上和线下交易都在不断地增加，互联网经济正在实现实体经济和虚拟经济的互赢。

马云面对互联网经济市场敢于制定新的规则，并在市场的不断变化中寻找新的突破，他所提倡的“互联网经济 = 实体经济 + 虚拟经济”必将给阿里巴巴带来新的发展局面，这不仅是阿里巴巴的成长，更是马云的成长，也是这个时代的成长。

学会改变，才能走得更远

马云很赞同盛大网络创始人陈天桥说过的一段话：“当每天的收入达到 100 万元时，我觉得它是诱惑，它可以让你安逸起来，让你享受起来，让你能够成为一个土皇帝。当时我们只有 20 岁左右，急需一个人在旁鞭策，就像西天取经一样，到了女儿国，有美女有财富，他是停下来还是继续去西天？我们希望有人在边上不断督促说：你应该继续往你取经的地方，这才是你的理想。”在马云看来，作为企业管理者，需要不断地改变策略，但是这种改变需要结合实际情况，而不是一味盲目地乱闯乱撞，只有恰到好处才能赋予企业新的活力，才能让企业的发展蒸蒸日上。

本田汽车的创始人本田宗一在本田汽车的发展过程中经历了许多挫折和磨难。本田宗一年轻时在一家汽车修理厂当学徒，经过6年的学习，他萌发了开店做老板的念头。后来他开了一家汽车修理厂，凭借过硬的技术，该厂不断发展壮大起来。繁忙的工作并没有蒙蔽本田宗一的双眼，他转而开始研究小零件，这样的做法让他身边的人很是纳闷，但本田宗一却有自己的想法与打算。在第二次世界大战之后，他买下了陆军通讯设备上的微型发动机，并安到了自行车上，这种交通工具受到了客户的欢迎，更是打响了本田的知名度，之后，他又研究出了发动机。

本田企业的成功说明：作为一名合格的企业管理者，不仅要有缜密的心思、明确的目标、长远的眼光，还要善于改变策略，在企业的发展过程中，为其注入新鲜的血液，这样企业才能走得更踏实、更远。

4. 可怕的不是距离，而是你不知道距离的存在

2000年阿里巴巴曾陷入高度危机，此后马云对这一危机这样总结道："距离不可怕，可怕的是你不知道距离。"这也正应了中国那句古话"天外有天，人外有人"。只有当你知道距离的存在，才会明白差距的大小，才能奋起而追，不然只能坐井观天，不思进取。

马云作为一个企业领袖无疑是成功的。他虽然对电子商务有着敏感的触觉，但是也难免会出现失误。

成也萧何，败也萧何

互联网圈曾流传着阿里巴巴的一个笑话。1999年，阿里巴巴在全球互联网公司中排名340000左右，而那时还名不见经传的马云居然提出一个令圈内人无比震惊的宣言：要跻身于全球十大互联网公司，要把阿里巴巴的胜利旗帜竖在华尔街。在当时，马云的这个海口完全是个笑话，并使阿里巴巴深陷各种麻烦之中。

2000年1月，软银集团孙正义投资给阿里巴巴的2000万美金到账后，马云带着他的团队信心满满地开始了海外扩张计划。马云当时提出的口号是："东方的智慧，西方的运作，面向全世界的大市

场。”马云更是狂傲地提出：“在公司的管理、资本的操作上，要毫不含糊地全盘西化……阿里巴巴要的是放眼世界，挑战世界，真正做到打进全球市场。”当时的阿里巴巴致力于成为全球一流的网站，虽然他定下的战略极具前瞻性，且同步推出的英文网站使其快速得到全球的关注，但是由于太过急于和世界接轨、急于国际化，后果就是“贪多嚼不烂”，海外扩张计划几乎给阿里巴巴带来了毁灭性打击。

为了加紧海外扩张的步伐，阿里巴巴把服务器和技术研发中心放在了硅谷，并把硅谷 20 多名顶尖技术高手聚集在阿里巴巴。与此同时，阿里巴巴的日本、澳大利亚网站都在紧急筹备之中，技术人员的高薪和筹办网站的花销对于阿里巴巴来说都是一笔天文数字，再加上 2000 年互联网行业遭遇到寒冬期，庞大的资金支出使阿里巴巴无力承担。于是，来势汹汹的海外扩张计划不得不停下来。

之后，马云曾反思过阿里巴巴这次大张旗鼓的海外扩张计划失败的原因：严重地违背了市场规律，没有认清差距，急于扩大市场，高估了自己的能力，被眼前的一点成就冲昏了头脑，失去了冷静和理智，以至于酿下大错。

认清差距，找好定位

华为的创始人任正非说过：“人是有差距的，要承认差距的存在。一个人对自己所处的环境要有满足感，不要不断地攀比。你们对自己付出的努力没有一种满足感，就会不断地折磨自己并痛苦着。”成功人士都勇于承认距离的存在，并坦然地接受差距，有勇气面对并努力缩短这段距离。

人贵有自知之明，企业亦是如此。在海外扩张计划失败的背后，马云意识到了自己与世界的距离，他开始从中反思，不断总结，寻找新的机遇。一次他在斯坦福大学的演讲中，就谈到关于从失败中吸取教训、经验的话题，他说：“今天，大家都在写关于阿里巴巴的成功故事。但是我并不真的认为我们有多么聪明，我们犯了很多错误，当时我们还是很愚蠢的，所以我在想，如果哪天我要写关于阿里巴巴的书，我会写阿里巴巴的1001个错误。这才是大家应该记住的事情，应该学习的事情。”

上帝对每个人都是公平的，马云的成功并非偶然。马云的人生历程我们有目共睹，他在通往成功的路上，也犯过错误，但他最后又是如何获得成功的呢？马云的成功并不在于他对互联网天生敏锐的感知及一股脑向前冲的劲头，而在于他能及时在失败中反思，并能够在前进的路上懂得放慢自己的脚步。

众所周知，当刘强东带着他的京东出现的时候，传统平台几乎被国美电器和苏宁易购占据，京东很难找到自己的立足之地。所以，刘强东没有选择在实体店面上与两大企业竞争，他很有自知之明，明白自己的差距。他知道如果在实体店铺上与国美和苏宁竞争，自己只有失败一条路可走。于是，他转向了电子商务。刘强东说：“京东商城之所以能够走到今天，就是因为我们有自知之明，知道与国美、苏宁之间的差距，所以我们才另辟蹊径，选择一条能够缩小差距的道路。京东要做国内最大的互联网电子商务网站。我们相信，我们会成功，因为我们懂得如何缩小差距。”

正如马云所说的那样："距离不可怕，可怕的是你不知道距离。"一个人只有正确认识差距的所在，才有可能找到为之奋斗的方向。企业管理者只有保持高度的危机感，找准自己的定位，认识到距离，及时调整战略，企业才能走得更远。

5. 不关注未来的企业，是走不远的

马云曾在2009年（第八届）中国企业领袖年会上这样说道："我认为面对未来我们最好不是去想象，而是去创造。"关注未来，企业才能走得更长远。

企业成功最重要的是核心竞争力，但是在马云看来，只有核心竞争力是不够的。他认为，企业要成功，重要的是要放眼未来。未来充满无限可能，面对互联网市场，企业存在太多未知因素。企业管理者要时刻关注市场变化状况，保持灵敏的嗅觉，预测未来市场的需求，做好准备，抓住机遇。

立足当下，展望未来

如今是一个信息化的时代，互联网大大地改变了人们原有的生活方式，每天都有成千上万的信息扑面而来，并通过各个渠道进入人们的生活中。多样化的信息在给企业带来发展机遇的同时，也对

企业提出了更高的要求。在这个时代背景下，企业要想长远发展，就要立足当下，展望未来。

马云曾在一次采访中说道：“在任正非投资的所有企业中，阿里巴巴是为数不多的他十分重视和信任的企业之一。从他投入资本开始，几乎完全没有干预过企业的相关事务。他和我的理念一样，就是要赢在未来，对阿里巴巴做长期的战略考虑。”也正是因为马云的这种思路，阿里巴巴才在短时间内成为市值逾2000亿元的互联网公司。马云独特精准的眼光，为阿里巴巴打下了一片新的天地。

作为一个土生土长的杭州人，马云对杭州密集存在的主要从事外贸业务的中小企业有着最深刻的体会。中小企业所面临的种种问题，严重地遏制了其发展。在当时许多电子商务选择大公司时，马云却毅然决然地选择了中小企业，因为他认为中小企业会成为未来互联网市场的主力军。于是，马云从北京回到了杭州，建立了阿里巴巴。马云从这里看到了新的发展商机，正如他所说：“大家都看不到前景的时候，这个机会一定能赚钱。”马云预料到中小企业使用电子商务将会是一种未来的趋势。在国内，中小企业所占的比例远远大于大企业的比例，而且当时大多数企业正在忙着建立自己的网站，马云建立的阿里巴巴是不同于当时任何电子商务模式的、专为中小型企业服务的企业的。

结合当时的市场环境，不随波逐流，坚持自己独特的看法，马云做了第一个吃螃蟹的人，开辟了中小企业电子商务的全新发展道路，有效地解决了中小企业面临的种种问题，为企业的发展释放了活力，促进了企业的进一步发展。马云曾经说过：“互联网对于发展中国家是机遇，对于中小企业是机遇，互联网是以快打慢、以小搏大。竞争会迫使更多的企业上网。不上网的企业，会老不会大。”互联网给中小企业带来了诸多便利，很快便把互联网带入网商时代。马云也在逐渐实现自己的目标：为全世界的商人建立一个全球最大的网上商业信息交流站点，为中国、亚洲乃至世界的中小企业服务。凭借对市场未来发展变化的关注，马云使得阿里巴巴逐渐与世界接轨，并最终成为世界级的伟大公司。

研究社会热点

马云在 2009 年中国企业领袖年会上表示：“我们每个人总说要关注未来，关注年轻人。如果我们不关注未来，不关注年轻人，不关注我们孩子的生命，不从水、食物、大气上解决问题，我相信我们是走不远的。”马云在这次年会上主要发表了对于当时环境的变化，以及环境对于人类健康和企业发展所带来的影响的看法。社会在不断地发展，社会热点更是不断出现，各种各样的信息充斥着人们的生活，而作为一名合格的企业管理者，不应只看表面现象，而应透过现象看本质。关注社会热点，在别人尚未发现商机时，勇于出手，赢得商机。

此后，马云开始持续关注环境问题。然而，在阿里巴巴上市时，有个记者指出阿里巴巴在卖鱼翅，当马云了解到鱼翅是从活鲨鱼身上剪下来，再把活鱼丢进海里，很多鲨鱼因此葬送了性命后，阿里巴巴旗下的淘宝网上就再也没有卖过鱼翅。也因为这件事，阿里巴巴得到了更多年轻人的关注。爱护环境，保护海洋生物，关注社会热点，才能走得更远。2015 年企业领袖年会的主题是“数字经济”，马云在年会上指出：“未来三十年，因为数字经济，人类社会将会真正进入巨大的变革时代。”电子商务的出现严重打击了传统企业，但是在未来的企业发展中，实体经济的生命力仍然旺盛，互联网公司正在寻求一个新的发展渠道，以实现互联网和实体经济的结合。

6. 别轻易被人说服，这是犯错的开始

马云在最早做阿里巴巴时，曾面对很多质疑，对于这些质疑，他说：“如果在变化中太在乎别人怎么评价你，你就可能真的什么也做不好了。”也正是这份特立独行，让马云在不断的转变过程中仍能坚守自己，也才有了今天的马云和阿里巴巴。

从 1995 年辞去大学教师职位做网络，到 1997 年做中国黄页，再到现在创立不断创造奇迹的阿里巴巴，面对其间的种种争议，马云用实践证明了，人有时需要不被说服，需要坚持，才能笑傲江湖。

相信自己，需要一点点的坚定

不管是从刚开始创业，还是后来管理阿里巴巴，“相信自己”一直都是马云不变的人生信条。作为一个管理者，马云知道自己必须时刻保持理智，才能做出正确的决策。

马云年轻时大学教师做得很好，却要辞职创办翻译社，他的朋

友当时就劝阻他，说这样做风险太大了，可是马云仍坚持自己的想法，创办了海博翻译社。翻译社成功后，马云不甘心停留在此，又创办了阿里巴巴。由于阿里巴巴与当时许多的网络平台不同，其B2B模式致力于为中小型企业服务，遭到了许多人的质疑，甚至有人对马云说："如果阿里巴巴能成功，无异于把一艘万吨轮船抬到喜马拉雅山顶峰。"马云再次用实践证明了自己的坚持是对的。2000年中国互联网开始陷入危机，互联网分析人方兴东曾说："这一年的互联网是'从黄金到垃圾'。"就这样，马云仍然坚定地带着被称为垃圾的B2B模式，坚持走自己认为对的路。

后来，马云在回忆自己那段日子时说道："刚开始做互联网，能不能成功我也没信心。只是，我觉得做一件事，无论失败或成功，总要试一试、闯一闯，不行你还可以掉头；但是如果你不做，总走老路子，就永远不可能有新的发展。"事实证明，马云是成功的，他和他的阿里巴巴成为中国互联网行业的代名词。如若马云当时听信身边朋友的劝说，没有坚定自己的想法，那么在中国当今的互联网版图上，可能就没有阿里巴巴这样一个伟大的企业了。正是这种坚定，最终成就了马云，也成就了阿里巴巴。

别轻易被人说服

任何企业家要成功，都需要一种特质，那就是"特立独行"。在互联网创业的过程中，马云不断遭受非议，被人质疑，有人劝说，有人泼冷水，但是他并没有被这些不良情绪左右，更没有因别人的言语而放弃自己的目标，始终坚持做自己认为对的事情。不同的人面对不同的事，其看法和见解也可能不同，我们既要尊重别人的意见，听取正确的劝解，同时也要有主见，不能一味地盲从，被别人轻易说服。

马云曾在员工大会上说道："我们要自信，要多学习，不要去管别人怎么说，也不要去管别人怎么看我们。疯人院里面的人从来不相信自己是疯子，而我们这里的人不能相信自己是傻子。听到了，断言、重复，'我是第一'，传十遍，然后重复说一百遍，然后你就是第一了。很多事都是这样起来的。"作为管理者，处于公司关键的位置，对于企业决策以及企业未来的发展至关重要，在一些关键时刻，需要坚持己见，不能轻易被说服，这样才能管理好一个公司。

苹果前 CEO 乔布斯是一个非常有主见的人。在求学时，他虽毅然决然地选择了退学，但依旧留在里德学院旁听美术字课。这门旁听课让乔布斯和沃兹尼克在设计第一台 Macintosh 电脑时，让 Mac 电脑成为历史上第一台拥有漂亮印刷字体的电脑，深受文字工作者的喜爱。

对于企业管理者来说，容易被别人说服，是很容易犯错的，甚至会导致严重的后果。企业管理者需要具备判断是非对错的能力，正确分析市场环境，认清企业发展的形势，坚持己见，才能制定正确的企业发展战略，企业才能走得越来越远。

7. 小企业有大胸怀，大企业讲小细节

大企业都是从小企业发展而来的，小企业是大企业的前身。但是，无论是大企业还是小企业，都是要讲究策略的，企业在不同阶段目标是不一致的，这就对企业的管理者提出了更高的要求。企业管理者如同领头羊，负责领导企业的发展方向。

小企业如何立足发展？小企业如何长远发展？马云认为：“小企业有大胸怀，大企业讲小细节。”阿里巴巴从名不见经传的小企业到现在全球盛名的大企业，马云的成功很难复制，但是他的创业智慧却可以给人很多启迪。面对企业规模不同的情况，小企业与大企业该如何去做？

小企业的大梦想

马云曾经说过：“我觉得自己最富有的时候，是有梦想的时候。”因为有梦想，所以才觉得自己是最富有的人。看似简单的一句话，却是马云和阿里巴巴成功的重要原因。年轻的马云在无意间发现了互联网门户这个市场，于是中国黄页出现了。2000年时，马云又提出了要做世界顶级网站。他当时提出的口号是：“东方的智慧，西方的运作，面向全世界的大市场。”如今，资金、技术、人等都在高度

密集中，为了迅速地占领世界市场，马云在世界各地相继成立了网站，就在他窃喜时，由于资金没有及时到位，阿里巴巴陷入了资金危机，海外扩张计划也不得不停了下来。关于海外扩张计划的失败，马云这样反思道：“互联网上失败一定是自己造成的，要不就是脑子发热，要不就是脑子不热，而是太冷了。”国际化一直是马云的目标，但是在市场不成熟的情况下，阿里巴巴急于向海外扩张，违背了“先本土后国际”的企业发展规律。企业只有在本土中占有一定的市场份额，再走向国际化，才有成功的可能。中国的联想、海尔、TCL等都是“先本土后国际”成功的案例。

阿里巴巴要的是放眼世界，挑战世界，真正做到打进全世界。马云曾无数次地说：“阿里巴巴一开始就是一个国际化的公司。”他从最早做小公司，就怀揣了大梦想。马云一直致力于将阿里巴巴做成一个全世界最伟大的公司，将阿里巴巴的品牌做成一个享誉全球的品牌。从1999年阿里巴巴成立到2007年，短短八年的时间，阿里巴巴成功在香港上市。马云的梦想还在继续，而且这个几乎被所有人认为不可能实现的梦想，正在演变为团队的梦想、公司的使命和目标，并最终让神话和奇迹出现。

小企业一定要有大胸怀，要有自己清晰的目标，树立企业旗帜，胸怀众生，才能够一呼百应。阿里巴巴举起了“国际化”的旗帜，短暂的失败并没有让马云和阿里巴巴投降，阿里巴巴反而是越挫越勇，如今已在美国正式上市，其国际化目标正在一步步实现。企业应该具备这种大胸怀，要放眼国际，认清自己的定位，在全球经济一体化的进程中筹划公司的发展，借鉴成功企业的发展经验，然后脚踏实地地走向国际。

细节决定成败

在国家经济不断发展和互联网市场不断完善的前提下，企业如何才能长久的发展下去？大型企业又该如何面对市场变化呢？马云认为，大企业更应该关注细节。马云曾在《赢在中国》中说道："商业计划绝对不是一个销售计划，里面有无数的细节、无数人才的运营。"在当今这个浮躁的社会，人们很容易忽略细节。细节虽小，危害却很大。对于企业来说，细节并不仅仅是金钱损失，严重时可影响到企业的诚信和形象。一个真正注重细节的公司才能经久不衰。

美国著名的企业沃尔玛，是全球最大的连锁企业。沃尔玛之所以能够成为当今世界上最强大的"巨无霸"，其成功的秘密就在于注重细节，让顾客体验到满意的服务。一位顾客在沃尔玛买了一台果汁机，没过多久就出了点小毛病，他拿着机器和服务小票来到售后服务部营业员不仅给他换了一台，并且热情地告诉他：果汁机又降价了，我们需要退还您 5 美元。沃尔玛的这种服务不仅使每个顾客都能满意而归，同时也体现了一个公司的文化底蕴。细节决定公司的命运，在毫不起眼的细节里，暗含的是一个企业员工的用心与敬业。

阿里巴巴秉承着要让客户赚钱的理念与沃尔玛让顾客买到最低价格产品的用意有异曲同工之妙，企业注重细节，代表的是企业的文化理念和价值观。任何一件事情，都是由一个个小的细节组成的，所以细节决定了事情的成败。细节是一种微妙的商机，它能带给企业发展和腾飞的契机。把细节做到最好，是对企业战略布局的一种支持。大企业最后的竞争都是细节的竞争。专注于细节，市场预测才能够更加准确，企业才能率先抢占先机且经久不衰。

8. 落实不到结果上的战略，都是空话

马云一直强调在创业的过程中“要有胆量”，要把目标落实到结果上，他表示：“创业，最需要的就是胆量和勇气。因为这个世界就是这样。你要有梦想，你还要有胆识，毫不妥协的信念和实现梦想的决心和行动才会赢，只有偏执狂才会赢。”只有说到做到的战略，才是对公司最有利的战略，只说不做，永远看不到结果的不叫战略，而是空话。

IBM的总裁郭士纳表示：“一个成功的公司管理者应该具备三个基本特征，即明确的业务核心、卓越的执行力及优秀的领导能力。”战略固然是企业发展的重要部分，但战略毕竟是理论上的概念，如果对战略过度重视，很容易忽略企业的执行力。而实实在在地去行动，切切实实地去执行，才能贯彻战略目标，完成预定目标，并逐步取得成功。

先有梦想，其后才是执行

马云非常重视梦想的重要性，他曾说："人可以十天不喝水，七八天不吃饭，两分钟不呼吸，但不能失去梦想一分钟。没有梦想比贫穷更可怕，因为这都代表着对未来没有希望。一个人最可怕的是不知道自己在干什么，有梦想就不在乎别人骂，知道自己要干什么，才会坚持下去。"梦想的实现是一个漫长的过程，在这个过程中需要严格的执行力。执行力的高下，是实干家与梦想家的区别。而缺乏执行力的梦想是幻想，这样的人只能成为生活中的庸碌者，而非成功者。

阿里巴巴刚创建时，马云就提出了网站的模式，但却遭到程序员和编辑员一致的反对，因为当时的网站大多是 B2C 和 C2C 模式，而马云想要创办的企业却是 B2B，所以他的理念一经提起，就遭到当时许多内部人员的反对。马云创建的阿里巴巴定位于为中小型企业服务的电子商务，这与当时的电子商务为大型企业服务的潮流截然不同，更是增加了它的风险。马云认为阿里巴巴应由网上论坛 BBS 按行业分类发展而来，他要求技术人员将 BBS 上的每一个帖子检测并分类。这虽然遭到了技术人员的反对，但是马云坚持认为这样做能够让用户更加方便地利用阿里巴巴。当时正在外地演讲的马云，在电话中强硬地命令道："你们立刻、现在、马上去做。"关键时刻马云坚定的自信及强硬的执行力，让阿里巴巴在互联网行业越走越远。由此我们也知道，成功不是计划出来的，而是执行出来的。

马云曾经说过阿里巴巴是"一支执行队伍而非想法队伍"。阿里巴巴强大的执行力是其在互联网市场中站稳脚跟的重要因素。在一流的点子加三流的执行力，还是三流的点子加一流的执行力这个问题上，马云与孙正义的看法不谋而合，那便是：三流的点子加上一流的执行力更加重要。因为只有以一流的执行力，战略才能够落实到结果上，最初的目标也才有可能实现。三流的执行力只会让企业处于更加糟糕的位置，梦想只能成为空想。

从最初的创业者到现在的“创业教父”，马云在梦想的支持下，依靠强大的执行力，让自己成为第一个吃螃蟹的人，同时也发现了自己在企业管理方面的天赋。强大的执行力对于企业的发展是锦上添花，梦想只有执行了才能叫做梦想，强硬的执行力是企业成功的保障。

不要只想不做

马云曾说：“创业最需要的就是敢想敢做的人。”马云提醒那些正在创业路上、或者想要创业的人，“在创业者追求成功的道路上，第一个要素就是要有敢想敢做的胆量”。有一句话说得好：只说不做假把势。成功需要的就是这样一份胆识，只想不做，什么时候都不会成功。曾有一家管理咨询公司做过一项调查，结果表明，85.47%的年轻人都有创业意向，但付出实践的只有7%。调查结果表明，梦想大多数人都是有的，但是成功的关键在于是否付诸实践。现如今的国家政策很支持年轻人创业，国内的创业环境也很好，但是大部分年轻人却很难将梦想付诸实践，这里面最大的原因莫过于——不想冒险。人虽然具有趋利避害的属性，但是只想不做，就永远不会成功。

来岛船坞企业的创始人坪内寿夫在接受《朝日新闻》的采访时强调:“只要接受，任何事情都可以做到。但大部分还没有去做就说做不到，首先要除去这种心理。一旦努力作为，七成的成功率是跑不了的。”海尔如今已是中国家电业的巨头，它也是由一个小企业发展而来的。海尔能够取得这么大的成功，与企业的执行力是分不开的，海尔集团“日事日毕，日清日高”的 OEC 理念深入每个海尔人的内心。海尔的 OEC 概念就是指“总账不漏项，事事有人管，人人都管事，管事凭效果，管人凭考验”。这也充分证明，企业想要快速发展，不仅仅需要理论上的战略指导，还需要绝对的执行力。

成功的创业者，需要具备敢想、敢说、敢为的胆量。所谓敢想，是指创业者在创业初期就应该给自己定下目标。所谓敢说，就是有想法要提出来，不要怕说错。所谓敢为，就是要把目标落实到结果上，只说不做的都是空话。企业，无论大小，其最终目标都是把战略转化为现实。落实不到结果上的战略，都是空话，再完美的构想和计划都只是纸上谈兵。企业成功的关键不是有梦想，而是具有强有力的执行力。

9. 最佳战略：重点突破，资源从一点突破

企业经营战略是决定企业经营活动成败的关键性因素，而最佳战略是企业长久高效发展的重要保障。那何为最佳战略呢？马云认为：看到一个点，就毫不犹豫地重点出击。对于公司来说，在关键时刻，及时出击，才可能抓住机遇，成为新兴事物的领头羊。

马云说："做战略最忌讳的是面面俱到，面面俱到就什么都不可能赢，集中所有资源在关键点突破才可能会赢。"企业管理者要顾全大局，但是在战略部署方面，想做到面面俱到无异于痴人说梦；企业管理者要在企业发展方面顾全大局，但是在战略上则要抓住重点，一点点突破。

灵敏嗅觉，抓住机遇

马云对互联网的灵敏嗅觉从最初创业时就显露出来了，2005 年他再次嗅到了商机。当年 1 月 31 日，马云在瑞士滑雪胜地达沃斯发表了一个观点："2005 年将是中国电子商务的安全支付年。"随即，这个观点就得到了验证，嗅觉灵敏的马云立即宣布：支付宝要全面升级，并且要单独推出支付平台 alipay 网站。支付宝内部人员曾说过："马总想解决的是整个国内电子商务中的支付问题，而不是仅仅给淘

宝网找一个支付的解决方案，所以支付宝必定要从淘宝网中脱离出来。脱离淘宝网，支付宝才可能成为一个真正的第三方支付平台。”马云单独推出支付平台，是因为他认为支付宝的服务对象不应该局限于阿里巴巴和淘宝的用户，而应该为其他客户服务，扩大支付宝的受众群。为客户提供更加便捷的支付方式，才是支付宝的发展之路。

马云在电子商务中的敏锐嗅觉，使支付宝快速成为支付平台的佼佼者，他又从这个切入口发力，进而掌握了电子商务市场。支付宝渐渐做得风生水起，很快市场上便出现了很多第三方支付平台，面对这种情况，马云云淡风轻地说：“任何标准都是市场决定的，只有客户真的认为你好，你越做越大，最后才能变成一个标准，这是一个自然而然的过程。”马云率先在支付宝开辟疆土，让后来者难以超越。截至目前，几乎所有的购物平台都加盟了支付宝。支付宝在中国网络市场中已经成为最受欢迎的第三方支付平台。前淘宝网执行总经理孙彤宇曾说：“支付宝是在 2003 年 10 月提出的，我们现在回想，如果没有支付宝这种安全的交易媒介的话，那么中国电子商务市场不会这么成熟。”

马云凭借自己在互联网灵敏的嗅觉，及时抓住机遇，抓住重点，一点点突破，让后来者无从下手。在企业的发展过程中，管理者要有一双慧眼，抓住商机，才能取得创业的成功。

放长眼光，一点突破

企业经营战略是企业经营活动的关键，这就要求企业管理者应目光长远，发现商机，这样才能在市场竞争中独领风骚。关于战略目标，李嘉诚曾说过："好景时，绝不过分乐观；不景气时，也不过度悲观。在衰退期间，大量投资。我们的主要衡量标准是：从长远角度看该项投资是否有盈利潜力，而不是该项资金当时是否便宜，或者是否有人对它感兴趣。"企业管理者需要有长远目光，企业的发展不应该只顾眼前利益，而是要注重未来的发展。

2013 年 5 月 28 日，马云宣布辞去阿里巴巴 CEO 一职，但是辞职后的他更加忙碌了。他在深圳组建了"菜鸟网络科技有限公司"，担任董事长，同时宣布要进军物流行业。早在 2007 年，马云已经看到物流行业的广阔前景，但是由于当时的条件有限，这个想法没有变成实践。直到 2010 年，马云选择星晨作为物流发展的第一块试验田，后来因资金问题而宣布破产。2013 年，马云强势归来，一气呵成，首期投资 1000 亿人民币，二期达到 2000 亿人民币。马云想把物流做成联合产业链上下游的合作伙伴，搭建一个基于数据的物流基础设施平台促进阿里巴巴不断完善和发展。

马云凭借他对互联网敏锐的嗅觉，总能率先在网络市场中抓住商机，为企业未来的发展打下坚实的基础。在其他人发现商机时，马云已做得风生水起，让后来者无法居上。这也是马云能够成功的原因之一。马云对企业发展战略的掌控，及其果断的执行力，让他人无法望其项背。

10. 关注对手是战略中很重要的一部分

马云在一次访谈中讲道："商场如战场，但是商场又不是战场，不要根据对手去制定战略，因为我们要赢的不是对手，而是如何让顾客愿意掏钱买你的产品。同样，把对手看得太清，而自己没有前进，等于白看。有时候我们需要从对手身上看到自己的缺陷。"

俗话说："同行是冤家。"可是在市场竞争日趋激烈的情况下，关注对手却是马云成功的关键因素之一。在马云看来，对手并不是用来打败的，而是用来借鉴并发展自己的。选择优秀的竞争对手，带着欣赏的眼光向对手学习，这才是成功者该有的胸怀，也是一个企业正确的价值观。

关注对手，寻求发展

马云曾说："在一个行业里，一枝独秀是不行的，也是危险的。在中国，凡事三足鼎立才能使一个行业发展起来，至少做大三家才有钱赚。一个很好的例子是 TOM 进来了，三大门户网站之间不再打架了。为什么？因为大家都成熟了，这个行业也渐渐成熟了。我希望到时候能看到一个百花齐放的景象。阿里巴巴为其他公司提供了经验教训和资源，其他公司发展起来了，也会给阿里巴巴带来很多好处。"

马云深知对手对于一个企业的重要性，它能在理智上带来最直达人心的刺激，你能从对手身上看到距离和缺点，同时也能从对手身上看到优势，并且加以发展。对手是一个优秀的公司在成长中不可或缺的存在，竞争不一定要拼个你死我活，很多时候，竞争可以转化为一种温和的方式，使双方都受益。

如今的阿里巴巴已是全球有名的互联网品牌，在这么残酷的市场竞争中存活下来，关注对手是阿里巴巴不可忽视的因素。在阿里巴巴的初级阶段，环球资源网是其最强劲的对手。环球资源网最初的工作重点是帮助“亚洲四小龙”寻找市场机会，随着环球资源市场的扩大，便推出了 B2B 网站，渐渐由最初的纸媒发展到互联网与纸媒发展相结合，互联网所取得的盈利额也在不断地增加，在海外版会员上，两家公司旗鼓相当，但是在国内的会员方面，阿里巴巴更胜一筹。对此，环球资源的老板表示，他们虽然没有 C2C，也不准备发展 C2C，但是仍能够吸引比较专业的买家和质量有保证的供应商。既然环球资源要以质取胜，马云从中发现了新的商机，那就是以量取胜，毕竟他们的价格低。

马云深知他不可能复制环球资源的发展模式，于是从自己的优势出发，努力发展旗下的电子商业，如今的淘宝、天猫等已进入我们的生活。相对于环球资源，阿里巴巴发展了旗下的电子商业，分散了自己的优势资源，充分地发挥了名牌优势，这才造就了阿里巴巴如今广阔的版图。

在市场竞争白热化的情况下，寻求新的发展渠道至关重要。这时，一个优秀的对手会为你指引方向，你要取长补短，完善自己，充分发挥自己的优势。所以说，一个想要快速发展取得优异成绩的企业，需要学会关注自己的对手，不要把对手局限在竞争意义上，真正的对手是企业发展的助推器，是成功路上的垫脚石。

正确看待对手

企业的健康发展离不开对手，对手的存在可让企业保持警惕和警醒，取长补短，从而长久保持旺盛的斗志。“以铜为鉴，可正衣冠；以古为鉴，可知兴替；以人为鉴，可明得失。”竞争对手是个人乃至企业的一面镜子，从对手那里，可以看到自己的不足，进而改变和完善自己。

在中国的乳制品市场中，伊利和蒙牛作为乳制品的代表企业，实力旗鼓相当。但在蒙牛刚成立时，伊利已是当时国内牛奶市场的老大，面对如此强大的对手，牛根生后来回忆道：“拼不过名气的时候，我只能专心做我的奶。能给全国人民喝上安心奶，就是我终身的事业。”在当时，伊利的品牌已经打响，牛根生另辟蹊径，通过“创内蒙古乳业第二品牌”的宣传，同时推出了“中国乳都”的概念，由此打响了蒙牛的品牌。之后蒙牛把重点放在寻找好的奶源和科技创新上，渐渐从众多乳制品品牌中脱颖而出，成为和伊利并驾齐驱的乳制品品牌。

商场上瞬息万变，战略依旧是企业发展重要的一环，在市场竞争愈演愈烈的情况下，企业要时刻保持清醒的头脑，正确看待对手，根据市场需求制订切实可行的计划。竞争的目的不是单纯地击败对手，而是关注顾客的需求，赢得顾客的信赖。

关注对手是企业发展战略中很重要的一部分。我们需要正确地看待对手，做好定位，明确自己的目标，做出正确的战略调整，时刻关注市场的变化，关注顾客的需求，寻求更大的发展空间和利润。

11. 做小了，一定要做到独特

被认为“异端”、“汽车疯子”的李书福曾这样说：“别人没做，我们更应该做。即使无力回天，也可留下一个思考的时间。世界上任何一个能够做大、做强、做好的企业不可能用别人的品牌。我不反对‘挪威的森林’，但更好的是，我们要在自己的土地上长出雄伟粗壮的白桦林。”这与马云的想法不谋而合，马云认为企业做小没关系，但一定要独特。

一个问题、一个项目、一个企业，如果想法不够独特，是很难吸引别人的。试想如果企业模式千篇一律，面对优秀的企业对手，你拿什么和对手竞争？

用独特的卖点吸引顾客

约翰·洛克菲勒曾经说过：“如果你想获得成功，你应该开辟新路，而不是沿着过去成功的老路走。”无论是在以中小企业为目标客户发展电子商务，还是在开发支付宝时，马云都知道，要想成功，需要标新立异和特立独行。马云在浙江发现了广阔的中小企业市场，在当时互联网还未广泛深入人们生活的年代，许多电子商务都看中了大型企业丰厚的优势，这加剧了电子商务的竞争规模，当越来越多的电子商务疯狂地涌向为大型企业服务时，马云却开辟了一条新的道路。

在马云看来，在商业做法上盲目模仿大公司，这是不少创业者都容易犯的一个错误。不少出身大公司的人，会在自己创业的时候，不自觉地按照大公司的做法建立一些规章制度等等。创业公司不仅不要盲目模仿大公司的做事方法，也切忌抄袭其商业模式。正如马云在《赢在中国》中说的那样："企业一定要独特。"一个小企业在市场份额、综合竞争力等方面是远远超越不了一个大公司的，这是每个刚起步的企业深知的事情。如何提高自身的竞争力？马云用实践告诉你，小企业一定要做到"独特"。

在支付宝出现之前，美国已经有了一个强大的支付方式，这便是"PayPal"。PayPal 为美国民众带来了极大的便利，但若将这种模式生搬硬套到中国来，却不一定会得到中国顾客的支持。于是，马云结合中国的国情，设计了一款更适合中国民众的支付软件，这便是支付宝的前身。支付宝弥补了 PayPal 的缺陷，它作为第三方出现在交易双方的交易之中，更容易为交易双方提供诚信的交易，并提供了实名验证的方式，确保了交易的准确无误性。2005 年支付宝提出"你敢付，我就敢赔"的"消费者保障计划"，消除了交易双方的诚信障碍，这样使支付宝一跃成为第三方支付企业的龙头老大。

支付宝的巨大成功，正是由于其独特性，这种独特性形成了巨大的卖点，吸引了大量的顾客。在激烈的市场竞争中，创新至关重要，如果一个企业想要获取成功，就要挖掘一个独特的卖点，吸引顾客的眼球。总而言之，企业要从各个方面研究其内在潜力，充分发挥其相对优势，强化其市场竞争力，使自己的产品具有独特的卖点，最大程度地吸引顾客的购买，提高企业的市场份额，尽快从行业中脱颖而出。

找出自己独特的模式

管理学大师彼得·德鲁克曾经说过："当今企业之间的竞争，不是产品之间的竞争，而是商业模式之间的竞争。"企业要想在竞争激烈的市场中存活下来，需要有自己独特的模式。如今，成功学之类的书籍在图书市场中数不胜数，然而真正成功的模式便是没有模式。因为市场是千变万化的，成功的模式也不是固定不变的，所以不能一味地模仿。企业管理者需要从实际出发，关注自身的市场环境，探索出一条适合自己的发展模式。

商业模式是决定企业成功与否的关键因素。而成功的商业模式具有三大特点，即新颖性、独特性和不易模仿性。因此，要想把一个企业做大做强，就不能继续使用传统的经营方式，而要找到自己独特的模式。2002 年之前王老吉一直都处于不温不火的状态，并没有取得较大的知名度。后来，一家专业的营销顾问公司为其做品牌诊断时指出，王老吉不温不火是由于其品牌定位有问题，之前的广告语"健康永恒，永远相伴"太过于模糊，没有针对性。企业经过认真仔细的市场调查后，发现消费者在享受麻辣带来的舌尖享受时，特别希望有一款饮料能够预防上火，而王老吉的中药配方中含有预防上火的药材，于是企业将其定位改为“预防上火”。这一定位的改变，确定了王老吉的独特功能，也由此改变了王老吉的命运，使其慢慢地走进消费者的视线中。王老吉能成功，就在于其清晰的企业定位和独特的发展模式。

创业者在创业的时候要选择自己熟悉、了解的行业，不要孤注一掷地相信所谓的热门行业而盲目跟风，要有自己的观点，关注市场变化，了解顾客需求，做出自己的风格。正所谓“就算小，也要做到独特”。这样的企业，即使是小企业，它也仍旧有在市场立足的法宝。

NO.2

用包容，赢人心：

马云谈团队建设

1. 作为管理者，要乐于反思

创业是一条看不到尽头的路，我们无法预料创业是否能够成功，也无法预估会遭遇多少艰险与失败。但是，我们要努力做到的是：最大程度地避免在同一个地方多次摔倒。这就需要企业管理者在发展壮大的过程中，时刻反思和回顾过去，直面每一次失败，并从中提升自己。

无论成或败，作为企业管理者，都需要经常反思和总结经验，也只有这样，企业的综合竞争力才能增强。“赢的人要反思，我们一定要想清楚，我们侥幸在哪里。错的人要反思，哪些事情做好了，我们就会赢。”马云的这句话无疑是对创业者的忠告。在创业的路上，你不可能不跌倒、不失败，但是要有一项必备的技能，那就是反思。

直面错误，乐于反思

对于企业而言，反思不仅是一种意识，也是一种能力。马云在《马云内部讲话》中讲道：“聪明的人和笨的人都会犯错误，但是我希望聪明的人不要重复地犯错误。”作为企业管理者，是不怕犯错误的，就怕犯了错误仍旧不知反思、悔改。优秀的管理者要做到“吾一日三省吾身”，从错误中总结经验，吸取教训。

马云对阿里巴巴的员工提出一个制度性的要求，那就是：要勇于直面错误、承认错误，要乐于反思。企业是一个大家庭，要管好一个企业绝非易事。因此，一个企业的管理制度十分重要。在2009年年底，阿里巴巴B2B公司接到很多客户的投诉，投诉其欺诈，在事件影响扩大之前，B2B公司的董事会开始对客户投诉事件进行调查。调查发现，在2009—2010年间，公司直销团队为了追求高业绩，故意对一些有欺诈嫌疑的公司“放水”，从而导致两年期间有高达1000多家涉嫌欺诈的企业进入阿里巴巴B2B公司平台。在事情调查清楚后，阿里巴巴开除了事件的相关负责人。2011年2月，当时的阿里巴巴B2B公司CEO卫哲、COO李旭引咎辞职。卫哲就此事公开道歉：“尽管我们是一家上市公司，但不能被业绩绑架，放弃做正确的事！阿里巴巴存在的第一天就不在乎业绩多少，业绩是结果，不是目标！我学习到作为阿里人要勇敢地面对并承担自己的责任。”

马云也进行了深刻的反省，阿里巴巴由此开始和国际认证机构天祥集团开展合作，推出了第三方的深度认证服务，意在对其中国供应商进行最大限度的资质认证，从而杜绝诈骗、纠纷等事件。天祥集团消费品中国市场部总经理王建平说：“阿里巴巴让我们第一批审查20万重点客户。这项工作进行得十分艰难，但是从另一方面展示了一个企业的责任感。”

企业在发展的过程中，诚信是成功路上的垫脚石，马云在面对欺诈事件所做出的反应是：及时地解决问题，反思错误，解决客户实质性的难题。这样不仅挽回了企业的信誉，还为企业树立了高大的形象。乐于反思是企业管理者必备的管理技能，对于企业管理者来说，乐于反思是“吃一堑，长一智”的大智慧，是不重复犯错的捷径，是企业一次全新的蜕变。

在失败中成长

创业有太多的未知因素，这是一场没有回头路的博弈。马云曾说过：“100 个人创业，其中有 95 个人连怎么死的都不知道，没有听见声音就掉进了悬崖，还有 4 个人，只听到一声惨叫，也掉下去了，剩下一个人可能不知道为什么还活着，但也不知道明天还活不活得下去。”失败在所难免，我们无法避免，但是马云面对错误的态度是：直面错误—乐于反思—迅速纠错—不再犯同样的错误。

马云在对员工提出高要求的同时，更是严于律己。如今的阿里巴巴已不再是之前的那个小公司，它是马云创造的一个奇迹，是马云用实力在中国的土地上搭建起的互联网帝国。任何人的成功都不是毫无根据的，马云的成功与其超群的品质和智慧是分不开的。这一路上，他不断地眺望，不断地回望过去所走的每一步，不管成功抑或是失败，他都在这些经验中不断地反思并展望未来。最近，马云在北京举行的媒体座谈会上以中国企业家俱乐部主席的身份初次亮相时说道：“首富的富首先是负责任的‘负’，你有资源、你有钱，你就得承担这个责任。”在互联网这条路上走了这么久的马云越来越意识到企业家的责任，我们期待着这么一群有责任心、有担当、有良心的企业家引领中国经济新常态向更高处发展。

马云常常告诫年轻的创业者：少听成功学讲座。不要去盲目地学习企业管理者成功的经验，要多学习别人失败的经验。成功的模式是不可复制的，但失败的经验却是可以借鉴的。作为管理者，要在错误中学会反思，在过去的事件中学会反思，这才是一个企业家真正的创业态度。

2. 让你的员工笑着干活

说到团队管理时，马云曾说：“我希望公司的每一个员工都能上班时像疯子，下班后笑眯眯的，而不是把工作当做负担，每天像苦行僧一样活着。”

作为企业管理者，应该时刻从员工利益出发，尤其要重视员工人性化方面的需求。微软官网上曾经有这样一句话：“你喜欢自由自在、手拿可乐、边听音乐边工作的工作环境吗？”这不仅是微软吸引员工时用于宣传的一句广告语，更传达出一种乐观、轻松、健康的企业文化。阿里巴巴也在努力造就这样一种企业文化。

传播快乐正能量

正是基于这种“让员工笑着干活”的管理理念，包括马云在内的公司管理层一直将为员工们营造一种轻松愉快的工作氛围作为目标。从色彩心理学的角度来说，暖色调能让人从压力中释放出来，保持心情愉快。为了营造更为良好的办公环境，阿里巴巴所有的办公室都被设定为橙色等暖色调，这种温暖、简单而快乐的颜色不仅人性化，更是阿里巴巴人的文化符号。任何人第一次步入阿里巴巴的办公楼，都会被公司里五颜六色的文化墙所吸引，就连厕所里的墙壁也不是单调的白色，而是同样的暖色调。此外，阿里巴巴的整个办公楼里还布置了很多小小的绿植，深深浅浅的绿色把整个办公室的氛围装点得轻松愉快。

为了丰富员工的业余生活，加强同事间的感情交流，阿里巴巴还设有多处员工俱乐部。所有员工都可以在公司的内网上发布帖子，寻找志同道合的同事一起加入俱乐部，参与俱乐部组织的各种文体活动，而且所有活动经费都由公司承担并有专人筹办安排。每次活动结束后，现场拍摄的照片也会传到公司内网上，并在文化墙上呈现出来。正是这些小小的细节，让这家在互联网界高速运转的公司始终充满着年轻、快乐、向上的氛围。

2005 年，阿里巴巴与雅虎联姻成功。为了欢迎雅虎中国的员工并让他们迅速融入到阿里巴巴的大家庭中来，马云邀请所有原雅虎中国的员工去阿里巴巴位于杭州的总部参观，并专程为他们举办了一场联欢晚会。晚会过程中，马云亲自上台表演节目，他头戴面纱，身着维吾尔族服装，打扮成维吾尔族的姑娘在台上翩翩起舞。马云的表演不仅将晚会推向了最高潮，而且让雅虎员工深深地感受到阿里巴巴快乐、轻松的企业文化。

作为企业管理者，马云非常重视把积极正面的情绪传达给员工。阿里巴巴在发展过程中，虽然几次陷入危机，但马云始终向员工们传递积极、乐观的正能量。就像他说的："快乐不是一个概念，因为概念永远不会成为一家企业的核心竞争力。所有创业者都要记得把自己的笑脸露出来，因为如果你看起来是痛苦的，那你就不可能给别人带去快乐。”

2015年，央视人力资源栏目《绝对挑战》和智联招聘曾携手举办了“CCTV中国年度雇主调查活动”。最终调查结果显示，阿里巴巴是参选企业当中员工“快乐工作”指数最高的企业，不愧为最佳雇主。

赚更多的钱，还是从事喜欢的工作

很多人内心可能都存在这样的矛盾，是赚更多的钱，还是从事一份自己喜爱的工作呢？美国一个科研机构做过这样一个有趣的实验，对1500位在1960年到1980年之间从商学院毕业的学生进行研究。这些毕业生被分为两类：一类是先赚钱，然后去做自己喜欢的事情；另一类是先追求自己的兴趣爱好，然后再追逐财富。20年过去了，第二个群体中总共产生了100位身家百万的富豪，而第一个群体中百万级别的富豪却只能以个位数记。研究者在这一实验的总结报告中写道：“由此可见，绝大多数人最终能够致富，正源自于内心的激情并将梦想不断付诸实践。没有所谓的幸运，只有对自己所钟爱的领域永不枯竭的热情。”

马云曾在网商大会的演讲中说：“有人问我怎么把阿里巴巴的员工拉住，其实我不需要拉住员工，我希望阿里巴巴所有的员工在阿里巴巴都有一个‘孩子’，网上开店，网上创业，一份事业、一份工作首先是你的孩子。父母再穷也不会卖孩子，不会怪孩子。”马云对阿里巴巴员工的一个基本要求是，任何人都不能是一台赚钱的机器，而应该在工作中体会到快乐感和幸福感。要知道，从工作中得到幸福感可以有效地提高员工对公司的忠诚度，从而降低人才流动率。这就是马云一直主张快乐工作，并努力为员工营造轻松快乐工作氛围的原因。

有一次，马云准备开发一个新项目，当时负责该项目的 IT 团队除了从阿里巴巴内部的技术人员中筛选以外，还需要招纳一些新人。经过几轮笔试、面试的筛选，有两份简历最终送到了马云手中。

第一份简历的主人履历丰富，毕业于国内名校，在国外深造完成了硕士学位，并先后就职过国外几家有名的互联网公司，短短三年时间已换过 3 家公司，手头上也有好几个拿得出手的项目。而第二份简历的主人相比之下则逊色不少，毕业于一所普通大学的 IT 专业，毕业 4 年的时间里一直在国内一家 IT 公司工作，这是他第一次跳槽。

面试时，马云问了两位应聘者同样一个问题：为何要选择阿里巴巴。前者的回答是典型的精英式作答，“希望西方月亮在东方圆，把新的理念带回国家”；而后者只是简单地说，“第一次来到阿里巴巴，就被这里年轻、向上的气氛吸引。我喜欢这份工作，觉得在这里工作肯定很棒”。

最终，马云从两个应聘者中选择了不那么出众的一个。被人力资源问及理由时，他笑着回答：“阿里巴巴需要的是快乐员工，而不是精英员工。”

赚更多的钱，还是从事喜欢的工作？这就仿佛是在问你要爱情还是面包，不同的人对于这个问题会做出最适合自己的回答，我们无法根据自己的喜恶来判断对错，但是每个人的心里想必都有了清楚的答案，从事一份自己喜欢的工作是一份最简单的快乐，同时也是对自己人生负责的态度，那么做你想做的吧！

3. 客户第一，员工第二，股东第三

客户、员工、股东三者该如何排序？2016 年 2 月马云在一次论坛上称："阿里巴巴从成立到今天，16 年坚持客户第一，员工第二，股东第三。只有满足了客户的需求，员工快乐，才有可能创新；只有客户满意了，员工满意了，股东才会满意。"

在企业的发展中，把客户放在第一位，对于企业来说无疑是明智的选择。客户享受了至高无上的服务，对企业的满意度会提高，这自然会吸引更多的客户，最终打响企业的品牌。事实上，客户才是企业真正的老板，丧失了客户，企业就如同无源之水、无本之木，就会失去活力，严重的话还会面临破产。

必须坚持顾客至上

马云在一次采访中说："几年前人家认为阿里巴巴模式不对，去年才开始有人说阿里巴巴模式比较好。其实，我也不知道阿里巴巴

是什么模式。5 年之后阿里巴巴的形象是我目前思考最多的问题。说实话，阿里巴巴现在还没有明确模式，以后会是什么模式，我也不太明了。但是我觉得，只要我们的客户赚钱，我们就一定赚钱。”马云十分重视客户第一的理念，凡事为顾客着想，这是阿里巴巴植入血液里的企业文化。

阿里巴巴作为互联网企业的佼佼者，2001 年 11 月，会员就已突破 500 万。在阿里巴巴的会员无限增长时，就有人问马云到底还要什么？马云回答道：“其实，我今天考虑的不是增加更多的会员，而是让更多的会员怎样赚到钱。客户在阿里巴巴交了钱，他们愿意付更多的钱，说明他们赚到了钱。”本着先让客户赚钱、坚持客户第一的企业文化理念，2004 年阿里巴巴成立了阿里学院，它的任务之一便是对客户进行培训。马云认为：“客户不成长，阿里巴巴也不会成长；客户都穷了，完了，阿里巴巴也就完了。……再忙也要给客户进行免费培训。否则，就算你帮客户赚了钱，他也不会成长。”

在淘宝网成立之初，马云就设立了一个经营原则，那就是：先给客户带来利益，然后再考虑为公司赚钱。如今的淘宝已是亚太地区最大的网络零售商圈。阿里巴巴无时无刻不在贯彻着“客户第一”的管理理念。2014 年 5 月 6 日（美国时间），阿里巴巴向美国证券监管委员会递交了上市申请书。同时，在上市之前，马云在下发的内部文件中提到：上市后我们仍将坚持“客户第一、员工第二、股东第三”的原则，我们相信做任何艰难的决定，坚持原则才是对各方利益最大的尊重和保护。上市某种意义上是让我们更有力量去帮助客户、支持员工、守护股东利益。阿里巴巴在不断的发展过程中依旧不忘初心，坚持“客户第一”的理念。重视长远发展的阿里巴巴清楚地知道“客户第一、员工第二、股东第三”是21世纪的普世价值。

客户、员工、股东均是企业利益的相关者。着眼于长远发展的企业都会把其服务重心放在提高客户的满意度上，始终把“客户第一”放在第一位。企业要想在竞争激烈的市场中活下来，需要给顾客带来名副其实的服务。企业只有在消费者中树立自己的企业品牌，赢得客户的信赖，得到客户的认可，才能不断吸引新的客户，才能越做越大。

让企业活得更好

企业经营者在面对顾客、员工、股东三者的排序问题时，无论如何摆放都无对错，只是体现了其背后不同的价值观念罢了。但是，很多企业领导者都是单向思维。我们经常见到两种企业管理者：一类是迫于资本市场的巨大压力，把关注的焦点全放在股东身上，这种一边倒的倾向势必会让员工失望，并降低其长期创造价值的能力；而另外一些企业管理者，或许他们的公司占据着可观的市场份额，在受保护的市场中运行，他们对企业员工、文化和传统的过度关注又可能导致自我满足，将视角局限在公司内部，从而让企业失去竞争的活力。

马云说：“我觉得公司需要把股权分散，管理和控制一家公司是靠智慧。”在创业初期，马云的创业团队遭遇了第一次互联网泡沫破灭，他决定留守杭州，当时团队的不少骨干都选择了离开，但依旧有人坚定不移地相信他并且留了下来，马云对于同甘共苦的团队十分感恩。2004 年后，阿里巴巴两次拆股，大部分的核心团队成员都获得了一定的股权。但是马云希望做到“盛宴共享”，他当时所能做的与这个目标还是相距甚远，后来他决定在上市前再启动一个更加广泛的持股计划，实施对象是集团所有的员工。员工不仅仅是企业的奉献者，还是企业的享受者，这样员工才有更大的动力为企业奉献。

蒙牛的创始人牛根生曾经说过:“财散人聚，财聚人散。”马云的“财散”在上市时体现得淋漓尽致。对于散财思维，他说，从建立阿里巴巴开始，他就没想过用控股的方式控制公司，也不想一个人去控制别人，阿里巴巴需要把股权分散。对于自己只持有少量的股份，马云如是说:“这样，其他股东和员工才更有干劲。”马云这种“财散人聚”的做法，既让员工分享了他的成功，又让企业得到更长远的发展。马云是一位杰出的领导者，战略制定和影响力都很优秀，因此他并不担心因权力的稀释而影响其领导地位。

让企业活得更好，领导者需要具备高素质的管理能力。企业要建设自己的企业文化，赋予企业活力，正确厘清客户、员工、股东三者的关系及地位，才能得到长久的发展。

4. 多花点时间在其他员工身上

古人云：欲造物，先造人。企业更是离不开人，员工是一个企业的重要组成部分，当今中国是知识经济的时代，人才尤其是优秀的人才更是被放在了一个重要的位置。员工既是一个企业的基础，又是一个企业最重要的需求。

关于员工能力问题，马云曾发表过这样的言论，他说："一个优秀的老师和优秀的领导者一样，要发现那个员工自己都不知道的才华，并且把他用好。"一个优秀的管理者，不仅要看到领导者的潜力，更要发现员工的能力所在，并扬长避短，发挥他们最大的优势。企业的运作是一个团体合作的过程，一个人的力量是渺小的，但团体的力量是不可估量的。

众人拾柴火焰高

新东方创始人俞敏洪曾说过："作为一个管理者，应该加强与团队中所有人员的相互了解。了解方式可以是工作中的相互切磋，也可以是哥们儿似的促膝谈心，根据不同同事的性格创造增进了解的机会非常必要。你知道了对方的优点，避开了对方的缺点，并且能够发挥每一个人的优点，可以使团队中的每个人都运用自己的长处做事。同时，一个管理者只有看到大家的长处，并认可他们的长处，才有可能心服口服地把曾经属于自己的权力、荣誉逐渐让渡。每个管理者都希望成功，任何一个优秀的同事也渴望成功，让更多优秀的同事分享你让渡的荣耀是促使团队形成凝聚力的重要因素之一。”企业的力量也就是团队的力量，团队是一个企业员工能力转化的集中体现，每个员工都是每一份荣誉背后的功臣。

马云在《赢在中国》第一赛季晋级篇第一场中，发现同程旅游的 CEO 吴志祥曾到场。吴志祥与 3 名大学同学一起创办了同程旅游，但是当时的同程旅游还未风生水起，与携程这些网站相比依旧存在员工、资金等方面的不足。由 80 个员工组成的小企业如何才能长久地发展呢？面对这个问题时，马云谈道：“多花点时间在你的其他员工身上，不仅仅是在 4 个人上，可能最后成功的更多，是 40 个、400 个、4000 个员工身上，而不是你们 4 个，多花点时间在他们身上。”如今的同程旅游已是中国在线旅游的三大企业集团之一。管理者在管理企业时要有辨识人才能力，古语有云：“先有伯乐，其后有千里马。”现在企业的领导者不需要任人唯亲，更不需要事必躬亲，但是必须具备将相的能力，能沙场点兵，知己知人，正确地发挥每一位员工的优势，让其在企业工作中充分地发挥自己的才华，这样才能使一个企业有长久的活力与生命力。

一个企业要想有长久的发展，就需要有一支富有战斗力的队伍。而作为一个企业的领头人，必须清楚自己所走的每一步，要有正确的分工，把战略的每一步计划都落实下去，根据每个员工的工作优势，落实到每个人、每个部门。这就需要领导者在日常工作中增加与员工之间的沟通，充分了解员工的个人能力。

充分发挥员工的潜能

现代社会经济不断向前发展，也不断向高层次进步，这同时也带动了企业经济的发展。随着企业规模的不断扩大，企业管理的分工越来越明细，此种情况下如何运用人才优势呢？2013 年马云在 IT 领袖峰会上谈到管理公司的经验时说道：“老板应该善于发现员工的才华，并且把它用好，而不是什么事都自己干。”员工的潜力是无限的，关键就在于企业管理者对员工潜力的激励能到什么程度。企业管理者在日常工作中要学会尊重员工，充分发挥员工的工作积极性，要广泛吸收员工参加管理，提高员工的企业管理意识，这样才能充分发挥人力资源的优势。

现任菜鸟物流首席运营官、资深副总裁的童文红，被称为阿里巴巴“最励志”的合伙人。童文红并不是当初创业时的十八罗汉之一，她在进入阿里巴巴之前，做过 7 年的物资贸易。30 岁的童文红不懂专业、没有背景，在第一次应聘行政助理时，并没有被录用，第二次面试时，被安排做了前台。后来又因与同事之间的一些矛盾，童文红差点辞职。童文红在做前台时，工作十分认真，在同事之间获得了广泛的好评。一年多以后，阿里巴巴首席人才官彭蕾找到了她，希望她能去做行政部的主管，但是童文红最初是拒绝的，之后彭蕾帮她分析道：女人的黄金年龄是 30 岁到 40 岁，如果没能突破，今后就很难了。最后，童文红认真地分析了自己的职业生涯，决定接受这个挑战，从而成就了今日的童文红。童文红有着长达 7 年的物资贸易经验，再加上她本身勤奋刻苦，工作认真，这让彭蕾发现了她。童文红的任职体现了管理者充分地发挥了员工的内在潜能，并且对人才资源达到了最大程度的利用。

任何一个企业中都有着无数个像童文红这样不起眼的员工，他们不起眼的原因不是能力不够，而是无人发掘他们的内在潜力。正如千里马需要伯乐赏识一样，他们也需要企业管理者的发现与赏识，不然就会落得个“且欲与常马等不可得”的下场。并非企业中的每个人都是能力超群的人，但是企业管理者依旧需要不断地激励员工，只有这样才能使员工融入到企业这个大家庭中，员工有了归属感，工作起来自然会尽职尽责。

5. CEO 的艺术：做好人、财、物三者的平衡

在企业管理中，CEO 是企业的领头羊，是企业一切战略决策的决定者。CEO 的思维影响着公司的战略走向。CEO 在企业发展中有着十分重要的地位，因此在企业决策中，CEO 应该有长远的目光，放眼全局，才能做出正确的决策，促进企业内部关系的平衡。

马云在《赢在中国》中说道：“CEO 最重要的任务就是制定战略。制定战略有两个核心的东西：一个是人；另一个是物。两者中，人是最重要的。在整个创业过程中，团队最重要，有了团队才能管好

钱，规划好产品；而只抓了钱，财聚人散，问题就大了。所以 CEO 的艺术就在于如何在人、财、物三者之间寻找平衡。”

掌控力很重要

孙子曰：“不谋万世者，不足以谋一时；不谋全局者，不足谋一域。”CEO 是企业管理的统帅，在企业管理和制定企业战略政策时，需要放眼全局，把企业发展的各个方面合理衔接，使企业管理达到平衡状态。这就要求企业管理者既要注重眼前利益，又要关注长远发展，正所谓未雨绸缪才能做到防患于未然。这又对企业管理者提出了更高的要求，未来是无法预测的，但是对于企业管理者来说，需要根据市场潮流趋势以及市场变化情况，掌握市场信息，率先发现商机，并制定长久的企业战略。

参加《赢在中国》第一赛季晋级篇第一场的郑女士，大学时就发现自己对经商很感兴趣，大学毕业后她先后在一些企业工作，等自己具备了创业条件，便注册了“北美庄园”葡萄酒品牌，产品定位为高端红酒市场。郑女士的企业由董事会、CEO、酒厂和三家销售公司组成，销售公司负责产品销售、人才招聘和企业文化建设，财务管理由郑女士负责。但是在公司成立一年后，她的合作伙伴把公司的大批中层管理人员挖走了。同时，资金问题也成了郑女士的烦心事，工厂的建设花费远远超出了预期，由于国家禁令，郑女士借用周转资金的国企也突然撤资，外界对公司产生了质疑，供应商也渐渐失去信心，当时的郑女士已处于四面楚歌的境地。

郑女士之所以会陷入如此尴尬的境地，是因其在开始创办公司时，既抓销售，又管财务，她没有意识到，作为企业的领导者，最重要的是制定企业发展的战略规划，而她顾此失彼，忘了自己最应该做的事情。CEO的首要任务是制定战略，因为所有的事情都可以交给手下的员工来做，唯有战略，需要企业管理者亲自制定，管理者要去预测变化、规划未来。企业的成败主要取决于管理者，真正有谋略、有掌控力的管理人会吸纳优秀员工，知人善任，会把好的想法变成现实，进而实现企业的战略目标，促进企业的可持续发展。

掌控力对于CEO来说至关重要，CEO应该掌控资金、人才、市场需求等因素，并掌控全局，根据企业在发展中的变化来随时调整战略，将企业的人、财、物平衡好，合理安排企业的各个部门，使其在相应的位置上发挥相应的作用，并通过对人力、财力、物力三者的平衡达到企业内部的合理布局和可持续发展，保证实现企业的发展目标。

CEO的平衡理念

在商业忠告类图书中达成一致的观点并不多，但它们几乎都会给领导者们提供这样一个忠告：专注于大的事情，将细节交给团队。作为企业管理者尤其是创始人，你在刚创业时，是不是总是忍不住想参与企业运营的每个细节，但CEO的这种微观管理对于企业来说是很危险的。CEO不是超人，没有三头六臂，其领导力在企业发展中要做到对人、财、物三者的合理分配布局，这样才能实现企业的最大利益。

成功的CEO具备五大特质，分别是：热情、同情、平衡、坚持、梦想。在企业管理中，企业领导者的平衡能力，其实就是舍得，有舍才有得。领导者在企业管理中，要正确分析需求才能达到人、财、物三者的合理规划。2011 年上任的飞利浦全球 CEO 万豪敦被外界称为“铁腕”，也是个改革的行动派。一次，万豪敦在接受记者采访时被问道:“许多领导者都希望拥有更多的权力，偏向集权制，而您擅长下放权力和激励员工，您如何理解从‘放权’中提升‘领导力’？”万豪敦回答道:“关于‘集权’和‘放权’，我个人的理解是，无论是‘集权’还是‘放权’，讲求的是一个平衡之道，关键看这种做法是否有利于提升组织的运营效率。”企业 CEO 要懂得企业管理的平衡之道，要有把握全局的能力，这样才能达到企业发展的平衡。

天地间的万事万物，例如四季、宇宙、星际等都处在一个完美的平衡之中，而平衡之道是中国人自古就遵循的思想。在企业的发展中同样需要平衡之道，在企业中不同的人有不同的诉求，而 CEO 则需要根据每个人和企业的实际情况，平衡各种各样的合理要求，在变化中不断改变策略，这样才能保证企业发展的稳定，并获得长足的发展。

6. 董事会是用来做事的，不是用来吵架的

中国有句古话:“三个臭皮匠，顶个诸葛亮。”但是在企业发展中，冲突在企业管理中随处可见，甚至可以说存在于企业发展的全过程。

面对企业内部的矛盾，不同管理者的处理方法不尽相同，但他们的目的是一致的，即都要解决矛盾，特别是董事会之间的矛盾。董事会是决定企业重大决策的部门，企业内部如果出现问题，对于公司的影响将是不可估量的。正如马云说的:“董事会是用来做事的，而不是用来吵架的。”

华星风波，调解矛盾

团队是人的集合体。我们常说有人的地方就是江湖，在江湖之中，打打杀杀不可避免。同样在一个企业中，企业内部高层决策者之间、中层管理者之间、员工与员工之间、部门与部门之间……都可能出现矛盾，这些矛盾严重到一定程度，会制约企业的发展。领导者和员工要沟通交流，相互磨合，这样才能最大程度地减少矛盾的产生。如果董事会之间出现矛盾，结果会非常严重，甚至会影响到企业的战略决策及未来的发展方向。

2000 年 3 月，阿里巴巴搬进华星大厦，这意味着艰难创业的

湖畔时代的结束，模式清晰的华星时代的开始。阿里巴巴进驻华星大厦之后，开始了规章制度的建设，这是任何一家公司开始发展都需要面对的重要一步。等规章制度起草出来后，由于阿里巴巴的创业者们习惯了之前那种充满人情味的工作方式和工作环境，冷冰冰的制度大家一时很难适应，怨言很多。但规章制度是一个企业走向正规公司的必由之路，没有制度的公司就如同一盘散沙，最后规章制度还是强制推行了。公司制度在逐步执行，阿里巴巴创业初期的18名成员的职位和地位都发生了改变。随着时间的推移，矛盾和误解越积越深，最终爆发了阿里巴巴史上著名的一场风波，即“华星风波”。

搬到华星后不久的一个晚上，除了马云、张瑛、孙彤宇、彭蕾之外的十几个人聚在一起喝咖啡，虽然事先说好不谈工作，但还是有意无意地说到了工作上，大家忍不住把所有的怨气、疑惑发泄了出来，一直谈论到半夜才散去。团队里的大哥楼文胜提议把大家的不满写下来，整理成信件发给马云。第二天傍晚，马云收到信后便把18名创始人召集在一起，让所有人说出自己心里的怨气、不解等，直到说完才离开。这次会议从晚上9点开到凌晨5点多，这是一场全体的彻底宣泄，也是一场全体的重新开始，哭过、笑过，于是一切都烟消云散了。

关于华星风波马云做过这样的总结，他说：“以为我们作为骄傲的是湖畔文化，但是现在我最骄傲的是华星文化。华星文化孕育着阿里巴巴真正的新文化。”华星风波的产生和化解都是耐人寻味的，企业内部矛盾需要尽快解决，拖的时间越长，其爆发力越大。董事会是公司重要的决策之地，董事会之间出现矛盾，对整个企业的影响是致命的，必须及时有效地解决。

做好企业内部冲突管理

伴随着社会主义市场经济体制改革的不断深入，中国的企业得到前所未有的快速发展，与此同时，受许多因素的影响，企业内部矛盾冲突也不断地出现在大众的视野中。

2010 年在中国经济领域一场关于企业控制权的大战打响了。国美是一家在中国经营、香港上市的公众公司。黄光裕家族是该公司的第一大股东，以陈晓为管理层的工作宗旨是要对包括第一大股东黄光裕家族在内的所有股东负责。因为第一大股东对管理层不信任，而管理层对大股东的意见不认可，并以对所有股东负责的名义反对第一大股东，二人吵得不可开交，在当时引起一场轩然大波。国美黄陈之争，最终以陈晓留任董事局主席而落下帷幕。但是，有关人士分析说：这是多方妥协的结果，黄光裕败而不败，暂时保住了股权不被稀释；陈晓胜而不胜，未必拥有对国美的控制权。

国美控制权之争是中国资本市场上影响力很大的事件，国美黄陈之争没有真正的赢家，没有太大程度上改变二者的地位和控制权，只是双方的相互妥协。但是，在二者争论的过程中，国美的企业形象却遭到了破坏。由此可见，做好企业内部冲突管理是非常有必要的。

加强企业内部的冲突管理对于企业的可持续发展具有现实意义。在企业的发展过程中，冲突是客观存在的，也是无法避免的。企业管理者要清楚地知道：董事会是用来做事的，而不是用来吵架的。企业管理者要树立正确的企业发展观念，深入企业内部，加深与员工的沟通和交流，及时发现矛盾冲突，并进行相关的调解，尽量避免矛盾的升级，促进企业内部和睦相处，使企业形成一个相互尊重、相互欣赏的内部环境，因为一个良好的内部环境对于企业的发展具有重大意义。

7. 最好的团队，是唐僧西天取经的团队

什么样的团队才是最好的团队？许多人认为最好的团队是“刘、关、张、诸葛、赵”团队——关公武功高强、忠诚；刘备仁义、善良；张飞勇猛、嫉恶如仇；诸葛亮智慧、鞠躬尽瘁；赵子龙谨慎、文武双全。这样的团队“千年等一回”。但是在马云看来，最好的团队应该是唐僧西天取经的团队。

唐僧团队最初是指唐僧西天取经的团队，这个团队经历九九八十一难最终取得真经，后来引申了含义，即在这个团队中有四种人，分别是德者、能者、智者、劳者。马云十分欣赏这种团队，经常把它运用到企业管理之中。

唐僧是最好的 CEO

2014 年 3 月 18 日晚，马云在北大百年讲堂回应了关于“被王坚忽悠”一事，“百度李彦宏懂技术，腾讯马化腾学技术，只有马云不懂技术。很多人就一直认为阿里巴巴的技术很差，其实正因为我不懂技术，我们尊重技术，我们公司的技术才能做好”。马云对于互联网是个名副其实的门外汉，但他发挥了自己在企业管理方面的能力，外行管理内行，带着阿里巴巴走出了国门。正如唐僧，没有一点点的法术，却带领三徒弟经历了九九八十一难，取得真经。

现任阿里巴巴董事局执行副主席的蔡崇信，曾担任阿里巴巴的首席财政官将近 10 年。在这期间，阿里巴巴所有与钱有关的事情，无论是融资、并购或者投资等，统统交给蔡崇信进行管理，马云曾经这样评价蔡崇信：“他是专门管与投资人说话的，我有重大的涉及股东利益的想法时，只要找到蔡崇信把话说到他懂就可以了，他可以再去找投资人把话说清楚就可以了。”认清员工优势，所有的事情都放手去做，就像马云说的那样：“因为我不懂技术细节，而我的同事都是世界级的互联网顶尖高手，所以我尊重他们。我很听他们的。他们说该这样做，我说好，你就这样去做吧。试想一下，如果我很懂技术，我就很可能天天和他们吵架，吵技术问题，那我就没有时间去思考发展问题。”

马云曾多次在不同场合提到“最好的团队是唐僧团队”，“唐僧是最好的 CEO”。马云一直坚持认为：“唐僧是一个好领导，他知道孙悟空要管紧，所以会念紧箍咒；猪八戒小毛病多，但不会犯大错，偶尔批评批评就可以；沙僧则需要经常鼓励一番。这样一个明星团队就形成了。”唐僧虽然能力不足，但是目标坚定，恒心满满。这也就要求领导人要有超凡的眼光、胸怀和实力。企业管理者要以员工为导向，使每个团队都有明确的目标，制订切实可行的执行计划。

马云靠自己独特的眼光、胸怀和知识，把阿里巴巴各种各样的人黏合在一起，形成一个坚不可摧的团队，并朝着一个相同的目标前进，进而造就了今日的阿里巴巴，马云也在阿里巴巴的成就中不断成长。经济学家郎咸平评价马云：“马云是一个非常优秀的 CEO，是中国互联网的传奇。马云正在用他的管理征服互联网行业，尽职尽力地做好一个企业管理者，带领他的阿里巴巴走向更好的明天。”

打造唐僧西天取经的团队

在一个创业的团队中，如果能够打造出唐僧团队，无疑是创业的最大保障。马云说：“像唐僧这样的领导，什么都不要跟他说，他就是要取经。这样的领导没有魅力，也没有什么能力。孙悟空武功高强，品德也不错，遗憾的是脾气暴躁，单位有这样的人。猪八戒有些狡猾，没有他生活少了很多情趣。沙和尚更多了，他不讲人生观、价值观等形而上学的东西，‘这是我的工作’，半个小时干完了活就去睡觉，这样的人单位里面有很多很多。就是这样 4 个人，千辛万苦，取得了真经。这种团队是最好的团队。这样的企业才会成功。”一个团队若有这样的互补，就可以成为一个强大的企业。

那么如何才能打造唐僧团队？唐僧团队最大的特点就是互补性，这就需要企业管理者要善于通过企业文化、价值观进行正确引导。在企业决策中，领导者要充分发挥其领导能力，要有敏锐的市场嗅觉，能够做出正确的战略规划，有长远目标和坚定信念，对员工要起激励作用。企业管理者要制定确切的目标，在企业决策决定中，认真听取员工的意见，要清楚员工的优缺点，量才而用，人尽其才，根据员工的切实情况进行团队的分工与合作，要能够优势互补、能力互补、个性互补。一个团队的成功，靠的不是个人英雄，而是团队合作的能力，而一个团队需要的是不同职能的优秀人才。

在高度信息化、商业化、科技化的今天，越来越多的企业开始重视团队的强大创造力。作为当代企业，要吸引优秀人才，组成有能力的、高效的企业，必须要有坚定的信念、坚强的领导核心、团结的工作作风、相互配合的企业合作、良好的工作氛围、奖惩得当的企业制度，具备了这些，才具备了企业成功的因素。从辩证法的角度来看唐僧团队，任何事物之间都是相互联系、相互影响的，所以在团队建设中，应该取长补短、优势互补，这样才能形成最优团队，以促进企业的高效发展。

8. 共同努力，团结在一个共同目标上

马云在北京高科技术产业国际周“数字中国化”论坛上演讲时说道：“我们的策略在不断改变，但有三样东西永不改变：愿景目标不变，我们的目标是做80年的企业，成为全球十大网站之一，只要是商人，就一定要用阿里巴巴；我们的使命不变：让天下没有难做的生意；我们的价值观不变：客户第一、团结合作、拥抱变化、诚信、激情、敬业。”

阿里巴巴十分注重团队合作。所谓团队合作，不仅是团队间每个人的相互配合，更重要的是，他们熟知企业每一步的目标，并朝着这个目标共同努力。阿里巴巴强调在合作中要和其他员工团结在同一个目标之下。

团队合作是一门艺术

“独行侠”在企业发展中是少见的角色。中国有一句俗语“一根筷子易折断，十根筷子抱成团，”一语道破了团队合作的重要性。同样在企业发展中，这种团队合作正是企业发展所需要的。作为企业领导人该如何做呢？马云这样说道：“作为一个领导人不要让你的员工为了你而工作，而是为了共同的目标或使命，或者一个理想而工作，

绝对不要为了领导人的个人魅力而工作。”因为个人的能力是有限的，而团队的能力却是无限的。朝着共同目标奋斗的企业才是真正强大而有实力的企业。

阿里巴巴团队文化极具特色的一条便是“不用精英”。但是在阿里巴巴中却有这样一群人，他们是“精英中的精英”，他们放弃了原来的似锦前程，来到了阿里巴巴。他们与阿里巴巴有着共同的梦想，梦想把这样一群有理想、肯吃苦的梦想家聚集在一起，进而创造了如今互联网的商业帝国。

蔡崇信现任阿里巴巴集团董事局执行副主席，这个曾经被称做“马云背后的男人”的人，在未加入阿里集团之前，曾是拿着年薪 70 万美金的高薪人员，但在见到马云以及他的创业团队时，他被他们的创业氛围所感染，提出了要加入马云的团队。人们十分震惊，因为这意味着蔡崇信放弃了富足体面的金领生活，开始了艰辛的创业生涯。也正因为这个戏剧性的加入，阿里巴巴的团队如虎添翼，更加壮大。被阿里巴巴理念吸引的不止蔡崇信，还有吴炯、关明生、彼得·萨瑟兰等。关于为何加入阿里巴巴，吴炯回忆道：“在 2005 年 5 月我第一次回国，顺道去看马云，发现马云的团队都挤在马云自己的房子里，所有参与创业的人都把自己的钱拿出来投入到公司中，每个人只拿基本的生活费，而且在没日没夜地干，这种使命感比当时雅虎有过之而无不及，所以我就决定加入了。”正是这份信任和使命感，造就了一支所向无敌的团队。

团队合作是一群有理想有抱负的人，为了一个共同的目标相互扶持、相互帮助，以达到实现目标的过程。团队合作是一门深奥的学问，团队合作有利于企业员工相互了解，同心协力，实现共同目标。一个明确的、有操作性的目标有利于加强员工对团队目标的认同感，这份认同感可有效推动企业运行。

和其他队员往同一个地方使劲

阿里巴巴今日的成功离不开优秀的团队，平凡的人聚在一起做不平凡的事，“因为我们有梦想，他们也有梦想，我们都想通过阿里巴巴实现我们的梦想”。共同目标很重要。马云十分看重团队合作，什么是团队？在马云看来，团队就是不要让另外一个人失败，不要让团队任何一个人失败。在一个优秀的团队中，并没有所谓的谁对谁错，有的只是一个团队的大局意识和协作精神。阿里巴巴团队就是这样一个有理想、事业心、使命感和价值观的团队，他们为之奋斗的是每一个阿里人的共同理想和事业，并不是为了某个人，阿里巴巴是每个员工梦想的载体，每个成员都能朝这一个目标共同使劲。

美国联邦快递一直秉承着“使命必达”的价值理念。美国联邦快递的业务遍及全球 220 个国家和地区，要求快递在 24—48 小时内从一个国家的发件人手中发送到另外一个国家的收件人手中，路途之长，时间之短，对于每一个美国联邦快递的员工来说均是一个不小的挑战，这就需要各个地区的员工相互配合。联邦快递要求：无论你是哪个国家的雇员，无论你身处何地，只要是联邦快递的员工，就同属一个团队，共担一份使命，就要为“使命必达”贡献力量。员工融入到企业团队之中，不仅能够实现其自我价值，而且有利于企业更好地发展。在团队之中，如果没有其他人的协助和合作，任何人都无法取得成功。

大多数企业都是通过高薪来吸引优秀员工的，但是对于真正有实力的企业来说，优秀人才会因共同的奋斗目标慕名而来，这就是我们常说的用企业的“软实力”来吸引优秀的员工，企业的员工因一个共同的理想而走到一起，为同一个目标奋斗，把梦想变成现实，如此才能真正实现互利共赢。

9. 没有笑脸的公司，很痛苦

说起“阿里巴巴”名字的由来，除了“阿里巴巴故事”大家耳熟能详之外，更多的是因为“阿里巴巴是个快乐的青年”。阿里公司宣扬快乐文化，马云也一直致力于把这份快乐不断地传递下去。在阿里巴巴，微笑是每个员工的必修课，脸上洋溢着笑容是阿里巴巴每一个员工工作的常态。

马云表示自己非常喜欢猪八戒的幽默，认为猪八戒是西天取经的润滑剂，西天取经再苦再累，一笑就过去了。这也就是为什么阿里巴巴的 LOGO 是一个笑脸，阿里巴巴的宗旨是：快乐工作，快乐生活。带着微笑去工作，工作也就不仅仅是一份简单的工作了，它褪去了枯燥乏味，变成一份满足和快乐。

打造笑脸最多的公司

马云认为：判断一个人、一个公司是不是优秀，不是看他有多高的学历，也不要看公司有多少名牌大学生，而是要看这帮人在工作时是不是发疯一样干，看他每天下班是不是笑眯眯地回家。在马云看来，员工快乐地工作，不仅仅有利于个人身心健康，还大大地提高了工作效率。如果一家公司能够让每个员工都微笑着工作，那么这个公司就很了不起了。马云性格乐观开朗，我们常见到他微笑，他的微笑不断影响和传染着阿里巴巴的每一个员工，他的快乐理念也在阿里巴巴的员工内部不断地扩散，这不仅得到员工的认可，还得到社会的高度赞赏。

曾任阿里巴巴集团副总裁的卫哲在刚刚进入阿里巴巴时，发现了这样一个神奇的现象：在阿里巴巴随处可见的便是微笑。他评价道："这里是中国笑脸最多的一个公司，而且执行力超强，但是我不知道为什么！"卫哲第一次踏入阿里巴巴时，这个曾经的"销售狂人"看到一群互联网销售人员在一部部冰冷的电话前长时间站立，手舞足蹈。他感受到这个公司骨子里的快乐。这种快乐文化来自于马云的微笑管理，在阿里巴巴，马云尽量给员工一个比较轻松的工作环境。

在阿里巴巴，你可以穿着旱冰鞋去上班，可以随意出入马云的办公室。马云会不经意地出现，和员工讨论工作以及其他事情，并制造一些欢快的气氛来逗员工开心。马云会放下领导者的身段私下与员工下棋、玩游戏，也会用公司活动费用组织出游。员工自行分组，并且每一个组都有一个搞笑的口号，大大地增加了出游的趣味性，在阿里巴巴杭州总部的墙壁上这些微笑的照片随处可见。在公司的一次联欢会上，马云曾乔装成一个维吾尔族姑娘，戴上面纱跳舞，把狂欢带入了高潮。马云身体力行地把微笑融入每一个阿里人的心中，把这份快乐通过各种各样的方式传达给公司的员工。他很少向员工传递负面情绪，对员工的压力拿捏得恰到好处。员工这种轻松愉快的心态，使得阿里巴巴充满了朝气，业绩年年提升。

员工在企业是第一位的，员工只有开心地工作时，才能用心工作，同时客户也会感受到这份快乐，而客户的快乐又会传递给员工，调动员工的积极性。这是一种良性循环，如此循环往复下去，企业的业绩也会得到提升。领导者应该学会自我调节，在企业调动气氛，给员工一个笑脸，便会收获成千上万的笑脸。

笑脸文化

在马云看来，快乐不是一个概念，概念永远不是一个企业的核心竞争力。“快乐工作”已成为一个重要的主题，越来越多的领导者也意识到微笑对于企业的影响力。快乐管理要从人的兴趣出发，不是人去适应工作环境，而是让工作环境适应人，让工作人员在工作中得到满足。快乐管理不仅仅让人在心理上得到满足，更重要的是得到情感上的满足。因此，创业者要把笑脸露出来，把快乐展示出来，这样才能在事业上有所发展。

作为全球规模最大的搜索引擎，谷歌在给客户提供服务的同时，其企业文化也被广为传唱。谷歌为其工作员工提供了人性化的工作氛围，谷歌发展至今，公司一直为员工提供免费餐饮、休闲区、洗衣房甚至按摩室。同时，谷歌还有一个内部的网络交流平台，除了简单的沟通交流外，还鼓励员工提出创意点子，只要创意具有可行性，就会立即变为现实。谷歌轻松愉快的工作环境为员工带来了不一样的工作体验。员工长期处于一种畅快轻松的工作状态，在这种状态下，员工更富有创造力，能最大程度地发挥其内在潜力。

阿里巴巴也借鉴了这种人性化的管理，连续几年，阿里巴巴的跳槽率只有 3.3%，而一般企业人才流动率的正常范围是 10%—15%。这充分地展示了阿里巴巴的微笑管理带来的巨大成就，显示了阿里巴巴强大的人才优势。人才流动较小，减少了熟悉工作环境等所用的时间，大大地降低了企业的成本。

就像马云所说的那样：没有笑脸的公司其实很痛苦。幸福感得不到满足，何谈幸福地工作呢？员工在企业工作并不仅仅是为了获得高薪养家糊口，能留住员工的最好因素是企业的工作氛围，一个轻松自在的工作环境是任何企业都需要的。让员工保持一个乐观的心态，是每一个创业者的重要使命。

10. 我们缺的不是钙，而是爱

创业者在企业发展的初期，往往会把关注点放在企业的前途和目标上，并通过不断的努力扩大企业规模，完善企业的基础设施建设等等，以促进企业的发展。但是，企业管理者往往会忽视软实力才是一个企业发展壮大的重要武器。只有企业的文化不断发展和传承下去，企业才能够得到长久的发展。

马云曾经说过：“我们要学会尊重和理解别人，很多时候我发现我们缺的不是钙，而是爱。”在企业中，我们应该尊重任何一位员工，无论是脑力劳动者还是体力劳动者。企业发展真正需要的并不是外在的装饰，而是内在的涵养。

企业中的尊重

虽然马云在IT技术上所知不多，但是这并没有妨碍他带领阿里巴巴创立商业帝国。在阿里巴巴企业内部，不懂IT的马云十分受人尊敬，同时他也十分尊重企业里的技术人员。马云说：“外行是可以领导内行的，关键是尊重内行，这个是我总结出来的一点。第二点，你可以把最优秀的人先请来。比方说你不懂技术，你可以把最优秀的技术人员请来；你不懂财务，你可以把最好的财务官请来；你不懂管理，你可以把最好的管理者请来。因为我不懂，我永远跟他吵不起架来；他搞技术，当然我尊重他……只要你有一种胸怀、眼光，你就可以做到这样。所以我说我们永远吵不了架，技术人员也不会和我吵架。”

一位记者在采访马云时发现他正在电脑前做些什么，以为他在研究一个互联网技术问题，走近一看，才发现他只是被一个常见的问题难住了。马云曾直言：“我几乎不懂这个网络，到现在为止，怎样用手提电脑看 DVD 我也搞不清楚，怎么存储照片我也搞不清楚，我只会收发文件，每天会浏览浏览网页，就这两样东西。”领导一批网络技术精英创建庞大阿里巴巴商业帝国的马云竟然是一只菜鸟，而这样一个十足的门外汉是这样解释的：“我虽然是外行，但我这个外行是可以领导内行的，比技术更重要的是思想。”

许多行业需要的是具备相应行业知识的专业人员，但是对于企业管理者来说，比技术更重要的是其领导力。对 IT 一窍不通的马云在企业管理上有着超强的管理能力，带领着阿里巴巴创造了自己的新天地。

现代组织是一个相互联系、相互依存的开放系统。企业中的相互尊重，能够创造一个和谐的企业内部环境，对于企业发展是有百利而无一害的。领导者与员工、上级与下级、部门与部门等各种关系之间，当相互尊重、相互扶持成为一种习惯时，尊重与扶持会内化为企业的一种文化，并会贯彻人心。企业发展需要的不仅仅是专业知识雄厚的人才，更是有着强大的企业文化凝聚力和服务理念的员工。

给应届生一个机会

许多企业对前来求职的应届毕业生并不是太感兴趣，因为应届毕业生没有工作经验，没有社会阅历，还没有完全脱离孩子气，因此应届毕业生在企业中不是太受欢迎。马云也不喜欢应届毕业生，他给出的原因与大多数企业的看法大同小异，“太浮躁，一天三个主意，一年换三个工作”。曾经马云一直不重视进行校园招聘，他认为：“中国的大学，只会教人知识，不会教人技能，根本不是什么精英教育。中国的大学生，不论是聪明才智还是社会能力，大部分都差不多。”随着互联网的深入，现在马云的这种观念却在不断变化，大学生更容易接受新事物，接受阿里巴巴的理念，马云也渐渐地看到了应届毕业生身上的优点。

因此，阿里巴巴也开始了大规模的校园招聘。阿里巴巴招聘的标准与其他公司不同，它只对那些中等偏上的学生感兴趣。在马云看来：“我上学的时候从来没有进过前 3 名，当然也没有进过后 15 名，由此可见，中等偏上的学生最有可塑性。”所以马云后来才会说：“一般的学生都被 Google 和微软给招走了，我们选的都不是一般的学生。”马云进行校园招聘正是看到了应届毕业生身上的可塑性，他们接受新事物的能力较强，更容易接受阿里巴巴的公司理念。那种“初生牛犊不怕虎”的劲头也是一个企业发展所需要的，应届毕业生的加入也能够给企业注入新鲜的血液，给企业带来更多的创新观念。所以，企业不应该对应届毕业生有太多的苛求，多一些包容，给他们一个展示自己的舞台。对于企业的社会责任来说，爱也是要求之一，这份爱是多一些包容和谅解。

无论是生活经验还是社会经验，每个人都不是与生俱来的，都需要长时间地慢慢积累。大学生带着对未来生活的向往和美好的理想离开了象牙塔，他们需要企业给他们一个展现自己的平台。

11. 文化是企业的 DNA

对于一个企业而言，企业文化是企业的精神核心，代表着企业的形象。

马云曾经发表过这样的言论：“小老板就是靠文化、靠自己的价值观来管理这个公司，所以说创始人实际上是这个文化最早出来的基因。你当老板的第一天就要培养一种文化，才有可能‘大’，‘大’了以后，文化才有作用。一个企业懂得用文化，它才会成为中型企业、大企业。”在阿里巴巴全国各地公司的墙上并没有贴着各种宣传文化价值观的条幅，因为在马云看来，只说不做是不可靠的。口号喊得再响，也是无用的。

文化是实实在在的东西

马云在谈到阿里巴巴取得的辉煌成就时，把原因归于其独特的企业文化。这种企业文化不仅仅强调团体的默契合作，还强调领导者的个人素质，以及员工的敬业精神和职业道德。总而言之，企业文化是企业发展的根基。企业文化如若没有付诸实践，那就是纸上谈兵，失去了精神支柱的企业也是一盘散沙。“一个缺少文化的企业是一个没有灵魂的企业，一个没有文化的网站也将是一个缺少灵气、无法凝聚人气的网站。我们提倡的价值观、企业文化不要停留在口号上，而要落实在行动上。”马云短短的一段话道尽了企业文化落实的重要性和对于文化贯彻落实的期望。

在2016年“3·15”国际消费者权益日前夜，马云在阿里巴巴治假团队誓师现场表示：“我们今天不是启动一个打假阿里队，而是启动一个打假中国队。”即使加入“国际反假联盟”的路途非常曲折，阿里巴巴的代言人依旧表示：“无论是否成为‘国际反假联盟’的成员，阿里巴巴都会联合各品牌进行打假活动。”这让人想起了2011年卫哲因企业销售人员违规操作导致企业文化理念受损而引咎辞职，马云在这件事情上坚持原则，丝毫没有念及旧情，他称：“做企业不能当侠客，我是公司文化和使命感的最后一关。作为大家信任的CEO，我要做的就是捍卫这个公司的价值体系，如果你叫我一声‘大哥’，我就可以不杀你，那以后有多少兄弟叫我‘大哥’？我不是‘大哥’。”常言道：法不留情。在企业管理中，文化层面的东西更加重要。

企业文化的形成不是一朝一夕的事情，它是在企业长久的发展历史中形成的。阿里巴巴的一位高管曾经问过，“阿里巴巴的价值观是什么？阿里巴巴是靠什么从1995年走到现在的？”马云回答说：“群策群力，教学相长，质量，建议，激情，开放，创新，专注，服务与尊重，这个理念即为‘独孤九剑’。没有这九条，我们活不下来，所以这九个价值观是阿里巴巴最值钱的东西。”企业文化是一个企业的文化底蕴，是规范企业员工行为的无形之手。企业文化又该如何更好地传承下去？马云回答说：“员工必须坚持理想、使命感、价值观，一代代地传承下去。像DNA一样。这个公司的人可以老去，但是这个企业的文化必须传承下去，一代代传下去。”

企业管理者和创始人最大的职责便是推广企业文化，企业管理者最大的财富便是有共同价值观和企业文化的员工。企业文化犹如江湖暗器，防不胜防，浸入骨髓，它是企业制定一切战略的文化基础，能够展示企业强大的生命力和创造力。

认同企业文化

马云对进入阿里巴巴的每个员工提过一个要求，他说：“进入我们的公司以后，必须认同我们的文化，认同我们的理想。我们所有的人都是平凡的人，平凡的人在一起做件不平凡的事。”作为一名合格的企业员工，最重要的并非能力、学历等等，而是认同所在企业的文化，再优秀的员工，如若对企业文化没有认同感，这对企业来说也是灾难，企业的长远发展需要的是认同企业文化的优秀员工。在马云看来，文化传播应该是润物细无声的。文化理念是一个企业的灵魂，是企业之本。

丰田以其完善的服务理念享誉全球。在芝加哥的一个雨天里，一辆丰田车因雨刷器坏掉而停在路的中间，就在司机不知如何是好的时候，一个老人淋着大雨出现了，一声不响地走到车前，趴在上面修雨刷器，司机感到十分疑惑。老人告诉他，自己是丰田公司的退休员工，看到公司的产品在路上这样，自己有义务修好它。一个企业的文化理念是无敌的，影响深远的。一个企业的文化发展成这样时，自然会获得长盛不衰的发展。

认同企业文化在企业的发展中非常重要。如果一个企业的企业文化不能够得到其员工的认同，那么这个企业的实力无论有多么强大，也无法形成强大的凝聚力。因此，在企业的文化建设中，一定要注重员工对于企业文化认同感的培养。企业文化只有在员工认同了之后，才能真正起作用。

NO.3

用眼光，赢市场：

马云谈营销策略

1. 营销既要追求结果，也要注重过程

企业在营销过程中，不能忽视过程，只重视结果。对于任何一个企业而言，营销都是关系企业发展的关键，作为经营者，对于营销的每一步都应该精准布局，唯有这样，才能真正达到营销的目的。

阿里巴巴从最初创业走到现在，积累了千万数量级的会员。阿里巴巴为什么能成为电子商务界的一个神话？在马云看来，阿里巴巴之所以能取得这样的成绩，除了一贯坚持“服务中小企业”这一使命之外，还在于营销工作的成功。阿里巴巴的营销工作，一向坚持以“销”为导向，让“营”成为动态沟通的过程，真正做到了在营销中既要追求结果，又要注重过程。

营销必须以结果为导向

在《赢在中国》第二赛季实战篇的第四场中，参赛选手分为红、蓝两队，商战人物要求在联通营业厅以推广的形式销售 CDMA 掌上股市的两个产品，选手要在规定时间内找到足够的目标客户，并且在规定时间内进行业务推广。对于这个任务目标，马云在点评中说道：“营销不是空谈，要注重结果，所以要记住，营销，营销，除了‘营’，还有‘销’，‘销’的结果就是数字。没有数字，没有结果，

一切营销都是虚的。”企业在营销时，要以销售为导向，毕竟营销的最终目的是为了销售。

马云曾经在阿里巴巴的员工培训中说过:“以结果为导向的营销，可以根据企业自身的资源、可承受的成本和可执行的目标愿景，合理组织资源，进行有效的营销，只有这样才能真正做到成本低、效果好、效率高，达到预期的营销目的。”阿里巴巴在最初制定营销战略时，采取结果倒流的方法，以免费会员制吸引中小企业注册会员，这种降低门槛的方式为阿里巴巴带来了大量的客户源，同时会员在浏览信息时也带来了源源不断的信息和创造商机的机会。阿里巴巴2013年年终备货节的数据显示：阿里巴巴全天在线交易45.05亿，与2012年相比，是同期大促的7.8倍，711款商品日销过百万，83个卖家过千万。这个数据向我们展示了阿里巴巴不仅仅是业界B2B的王者，而且完成了自身从信息平台到在线批发平台的蜕变。阿里巴巴的会员免费制是阿里巴巴能够吸引大量中小企业加入的重要原因，在当前这个竞争相当激烈的市场，免费会员制对于中小企业来说是在市场中站稳脚跟的通行证，它们当然不会看着这个机会溜走。中小企业的加入，不断地壮大了网上交易平台，而且还实现了营销的最终目的，那就是盈利。

企业营销的导向应该根据企业发展的具体情况而定，无论营销的方式如何千变万化，但都有一个目的，那就是盈利，利润才是企业的最终目标。在马云看来，真正的营销高手在营销过程中都会问自己:“我想要什么样的结果？我该怎么做？”只有这样，企业才能够清楚地知道营销的目的是什么？究竟想得到什么？只有这样，才能有明确的目标，真正实现以结果为导向的营销。

营销的过程就是服务客户

马云在谈到营销时这样说道："'营销'包括两部分内容，即'营'和'销'，"营"便是过程。商业是一门艺术，你既可以这样做，也可以那样做，但却不能走极端。比如说，企业需要听话的员工，也需要能干的员工。很听话但不能干的员工不能用，能干不听话的员工很难驾驭，也不能用。员工最好是又听话又能干，所以我们的营销既要有影响力，又要有结果。"营销要想得到满意的结果，就需要在营销的过程中提高客户对产品的满意度，阿里巴巴就非常重视服务营销。马云认为电子商业本身就是一个服务型的行业，是以服务为基准的，服务是全世界最贵的产品，完善一套良好的服务体系非常重要。丢掉一个大客户不会让天塌下来，但如果不建立一套完善的服务体系，天就会塌下来。服务是将来的趋势。马云清楚地知道，只要服务好客户，企业的营销自然会做到最好。

阿里巴巴从创业到现在，一直都坚持要做好客户服务，阿里巴巴在打进国外市场时，采取本土化的网站建设方式，这一举措给阿里巴巴带来了更多的用户。阿里巴巴面对不同的地区，针对当地的语言，建立与当地语言相融合的网站服务。目前，阿里巴巴已经建立了4个相互关联的网站：英文的国际网站，面对全球商人提供专业服务；简体的中文网站，主要是为中国大陆市场服务；全球的繁体中文网站，为台湾地区、香港地区、东南亚及遍及全球的华裔服务；韩文的韩国网站，针对韩文用户服务。这4个网站相互链接，内容相互交融，为阿里巴巴的会员提供了一个全球化的国际贸易平台，在这里汇集了178个国家和地区的商业信息和个性化的商人社区。阿里巴巴这种贴心的服务方式，在为全世界的企业带来便利的同时，也为阿里巴巴带来了源源不断的客户。

营销的对象是客户，营销其实就是一场对客户服务的高级SPA，客户只有满意了你的服务，才会购买你的服务，甚至会通过口碑相传向他们的亲朋好友进行推荐，这样一种潜移默化的营销，才是真正实现了既追求结果又注重结果的营销。

2. “免费”是世界上最昂贵的东西

在互联网大势的影响下，许多企业在最初推出网站时都会以免费使用吸引消费者，而互联网领域这种免费的商业模式是要付出极大的代价的。免费的商业模式对于大企业来说无疑是吸引消费者的一大法宝，但也并非一种有百利而无一害的模式。这种免费的商业模式如果运用得不好，也会有风险，这就需要企业能够根据自身的情况做出相应的调整，以适应瞬息万变的环境。

天下没有免费的午餐

大多数的人都存在这样的心理，碰到免费的东西都会试一试，这种行为来源于人们贪图便宜的心理，也说明免费能够引起人们的注意。尤其是在当今互联网企业风起云涌的发展势头之下，免费几乎成为一种通用模式。eBay的高管曾说过:“免费不是一种商业模式。”这句话放到现在无疑是一种反面教材，自古“天上是不会有掉馅饼的事情”。天下所有的免费，归根结底，都会以不同的形式和方式为企业赢得最大的利润，即所谓“羊毛出在羊身上”。天下是没有免费的午餐的。

马云曾说:“从1998年开始，QQ就提供免费的即时通信账号和软件下载，并在功能上不断完善自己。直到有一天，那个胖企鹅说自己要收费了，我们才恍然大悟，你已经离不开它了，你身边的所有人都在用QQ，无一例外。”马云的淘宝也是依靠这种具有前瞻性的免费的商业模式打败了当时的行业领跑者eBay。当时eBay已在中国市场上获得了90%以上的市场份额，而淘宝仅用了两年时间就从eBay手中夺取了超过70%的市场份额，最终完胜eBay。后来aBay的总裁不服气地说道:“输就输在淘宝蚂蚁搬家似的免费策略上了。”马云做出免费策略的根本原因还在于他对中国市场的准确判断，他清楚地知道当时的C2C市场还不适合收费，最需要做的是把市场尽可能地做大。因此，当时的马云做出3年之内免费的策略，这不仅吸引了大量的用户，还使淘宝得到快速的发展。后来淘宝不断发展壮大，促使支付宝出现，很快淘宝的会员量就以每天成千上万的速度不断增长。支付宝是一个完全免费的实行全额赔付的第三方担保工具，不但为淘宝的买卖提供了诚信保障，而且二者相互作用、共同发展，壮大了阿里巴巴的互联网市场，成就了伟大的阿里巴巴商业帝国。就这样，淘宝用免费策略创造了企业的最大价值，这样看来，免费的东西反而是最昂贵的。

淘宝是免费的，支付宝是免费的。这种免费是一种出乎意料的捆绑，实际上是最昂贵的，此处的昂本质上是指为企业带来的隐性利益。看似免费的淘宝、支付宝实际上是一种隐性的收费，这种免费的形式，能给企业带来更多的浏览量、更大的知名度等。从企业的长期发展来说，免费是一种习惯的养成，当你习惯了这种方式，就很难改变，而对于企业来说，这种捆绑是无形的，在无形之中，就造就了企业的客户群体。所以，对于发展中的互联网企业来说如何运用这种免费显得更加重要。

免费是有条件的

现在的许多网站一上线，为了吸引客户，增加网站的信息量，什么都是免费，丝毫不顾企业的发展是否适合这种发展模式。首先你必须搞清楚免费的是什么；其次要知道为什么免费，还要明白你得到了什么；最后，要懂得你失去了什么。所以，对于企业来说，免费是一种企业模式，但是跟风模仿给企业带来的并不是成功，可能是毁灭。对于大多数刚起步的企业来说，免费需要有一定的资金储备，这种免费不是不收费，而是出于对企业自身的发展做出的决定，所以对创业者来说，免费是有条件的，是建立在企业长久发展的基础之上的，这种免费需要有受众，并能够给企业带来盈利。

在《赢在中国》中有一位选手，建立了“3G 生活网”手机门户网站，他的手机网站里的大多数产品都是免费的，不需要客户付一分钱，他非常自信地认为这样的商业模式一定会给他带来成功，但是他的企业至今没有上市。面对上市这个问题，他的心中似乎没有计划，也没有研究过，对于企业的未来发展，他依旧很迷茫。针对很多企业的产品一开始都选择免费这一现象，马云说：“免费是世界上最昂贵的东西，所以尽量不要免费，等你有了钱以后再去考虑免费。千万不要跟 VC（风险投资）讲，拿了你的钱我就去免费，这样 VC 会很害怕。你的每一笔生意都必须赚钱，免费不是一个好策略，它付出的代价会非常大。”免费是有条件的，对于创业者来说，应该对未来企业的发展有足够的信心和把握。如果创业者只是照搬模仿，对企业未来的发展没有考虑，那么企业便很难长久。

免费并不是没有门槛的，对于创业者来说，需要考虑的是在免费的模式下企业如何发展，以及免费能否给企业发展带来盈利。如果免费不利于企业的发展，那么对创业者来说就不是优选方案，制定和实施免费的商业模式，并不是有资金、有规模就能够大行其道的，它需要管理者具备管理能力，对企业未来的规划有足够的信心。所以免费是有条件的，如果把握不好，企业便会跌进万丈深渊。

3. 营销的最佳概念：你是你自己

何为营销？百度百科给出的定义是：企业发现或者挖掘准消费者需求，从整体氛围的营造以及自身产品形态的营造去推广和营造产品，主要是深挖产品的内涵，切合准消费者的需求，从而让消费者深刻了解到该产品进而购买的过程。营销是企业生存和发展的重要手段，是吸引客户的法宝，那么对企业来说，又该如何进行营销呢？

在马云看来，“营销的最佳概念就是你是你自己，很多在报纸上、广告上都能看到的话，就不是广告了，要有个性，个性不是喊口号，不是成功学，而是别人失败的经验。营销就是做自己，通过各种各样的渠道宣传自己的产品和品牌，让客户接触和了解产品，消费者才有想要购买的欲望。”

不靠广告靠媒体

营销大师菲利普·科特勒曾说过：“真正的广告不在于制作一则广告，而在于让媒体讨论你的品牌达成广告。”大多数消费者对广告很反感，即使把广告放到消费者的眼前，他们也会视而不见。当广告不能借助其优势为企业达到宣传的效果时，企业只能另辟蹊径，这时媒体就成了企业宣传的最佳胜地，企业通过新闻事件、人为制造新闻、事件和舆论热点，为企业的产品宣传博人眼球，以此达到营销的最佳效果。所以，企业要学会让媒体为企业的发展服务，以此来达到企业宣传的目的。

马云的成功一开始就与媒体挂上了钩，早在最初创造中国黄页时，马云就已经知道要运用媒体的渠道为企业的发展打造声势。当时中国黄页的竞争对手是中国之窗和杭州电信，马云清楚地知道自己在实力上不能够与它们争夺市场，所以只有智取。当时的马云看到了媒体强大的影响力，便想尽办法在一位记者朋友的帮助下，在《杭州日报》的头版上发表了一篇《中国黄页闯世界》的文章。在文章中，马云借助比尔·盖茨提出了自己的观点，即互联网将改变人类生活的方方面面。这篇文章如同马云所料想的那样，引起了很大的反响，一夜之间，马云和中国黄页在杭州声名大振，中国黄页也得到很好的发展。之后中国黄页转战北京，在北京，马云和中国黄页并不为人所知，这时他又想到了媒体，但是在当时人们并不看好互联网，甚至没有一家媒体对互联网进行积极的报道。幸运的是，马云意外结识了一位《北京青年报》的司机，通过他认识了《中国贸易报》的副总编，马云对互联网的深刻见解令这位副主编刮目相看，于是他在《中国青年报》的头版发表了《走近马云》的文章。马云不断地跟媒体人打交道，正是因为媒体的力量，人们对于马云、对于马云所做的事情才有了更深的认识。

不靠广告靠媒体，这是马云营销的成功之道。阿里巴巴深知“造势、借势、因势”的媒体炒作之道，在产品未出现之前，就先通过媒体的渠道为产品打造声势。在阿里巴巴成立初期，资金不足，马云没有闲散资金为企业宣传，但是通过媒体的采访，增加了阿里巴巴的曝光度。这种方式也让越来越多的人了解了阿里巴巴。

自我营销

所谓自我营销，就是营销你自己，把自己推销出去，别人接受了你这个人，就很容易接受你所传达的信息，接受你的产品。这种自我营销的方式，无疑是一种非常重要的企业生存技能，对于企业发展来说，通过自我营销可以让越来越多的人了解到企业的产品，从而博得大众的眼球，在产品推广的过程中，给企业产品带来更多的关注度。自我营销在许多的企业和品牌推广中被多次应用，对企业的宣传和发展产生了巨大作用。

谈到自我营销，不得不提到恒大冰泉凭借恒大足球队夺冠的热度，为恒大冰泉迅速打响了知名度的案例。2013 年 11 月 9 日，恒大足球队在广州夺得亚冠冠军。伴随着这场胜利，恒大冰泉迅速召开新闻发布会，宣布恒大集团正式进军矿泉水行业。在比赛前期，恒大集团拒绝了三星以每年 4000 万的高价冠名合作的球衣。在比赛场上，观众可以清楚地看到队员的球衣和教练、工作人员的服装上都印有恒大冰泉的标志。正是借助这次体育事件，恒大冰泉才能够在竞争激烈的矿泉水市场上占有一席之地。恒大冰泉的自我营销取得了巨大成功，成为当时企业学中最成功的营销案例之一。

自我营销刚刚出现时便受到各个行业的关注，它不仅可以使企业得到非常大的关注量，而且还有助于提升企业自身的魅力。在互联网时代，自我营销更加重要，是自媒体时代的基本生存之道，创业者要根据企业发展的具体情况进行自我营销，推动企业健康发展。

4. 公司想赚钱，先让客户赚钱

老子在《道德经》中说过：“将欲去之，必固举之；将欲夺之，必固予之；将欲灭之，你先学之。”这句话的核心意思是，预想取之，必先予之。在企业的发展中，企业管理者同样要有取舍观念，这就如同钓鱼，必须要有鱼饵才能够钓上鱼来。所以，对于企业发展来说，企业要想赚钱，必须先让客户赚钱，只有客户赚了钱，客户的满意度不断得到提升，企业自然能从中得利。

“公司想赚钱，先让客户赚钱”是马云的营销理念，同时也是企业经营理念的提升和革命。对于很多企业来说，他们固守着以前的认识，认为企业的终极目标是盈利，事事都以盈利为目的，忽略了客户的感受，从而使企业慢慢地失去了市场。但是想要长远发展的企业，只有看到客户在企业发展中的重要作用，让客户先赚钱，客户满意了，这样离公司赚钱也为时不远了。

懂得取舍

懂得取舍是一条重要的价值理念，聪明的人懂得取舍，有舍才有得，而愚蠢的人只取不舍，这就像是一个单项选择题，正确的答案给企业带来的将是美好的前景，而错误的答案给企业带来的则是短暂快乐之后的毁灭。企业作为市场的产物，需要承担一定的社会责任，“责任”是强企之基，积极地承担社会责任，从客户的角度思考问题，把客户的利益放在首位，本着“先让客户赚钱，企业再赚钱”的经营理念，企业才能发展好。

马云认为 B2B 有几种流派：“一种是欧美的流派，抓住大企业，为买家省时间，然后以软件服务为主，再从软件打向社区。我们的套路是以小企业为主，通过建立虚拟社区，服务小企业和供应商，我们不是帮着小企业省钱，而是帮着小企业赚钱。全世界有钱的人没有多少，从数量上讲大企业最多占到企业总数的 10% 左右，所以我们有一个虾米和鲨鱼的理论——抓住了虾米就有机会捕捉鲨鱼，可抓住了鲨鱼可能就会被咬死。”马云建立的淘宝和支付宝都是先让客户赚钱，等到客户赚钱之后再获取盈利，这种免费的商业模式在降低中小企业生产成本的同时，也使阿里巴巴的口碑竞向相传，许多用户表示最初接触到阿里巴巴就是通过口碑的。

在阿里巴巴一直流传着“让客户先赚钱，企业再赚钱”的经营理念。“客户自己能做 100 元，如果有淘宝帮，他能赚到 1000 元，我想他会非常乐意在多赚的 900 元中分我 20—30 元。”作为淘宝深入贯彻之一的经营理念，阿里巴巴这种零门槛的方式，为其扩大了消费市场，吸引了越来越多的商家入驻，这就是所谓的“有舍才有得”。阿里巴巴舍弃了最初应收的服务费用，为中小企业的发展降低了门槛，低成本的方式降低了企业的生产成本，减轻了中小企业的负担，更加有利于中小企业的发展。中小企业在发展的同时，也在不断地为阿里巴巴带来盈利。

取舍有道，对于企业来说会是一项严峻的考验。创业是一个漫长的过程，企业的发展不是一蹴而就的，需要经历不同的发展阶段及各种各样的磨砺。真正优秀的企业是懂得取舍的，因为它能够看到未来的前景，并且提前做好准备。

关注客户，让客户赚钱

真正的企业家，其经营哲学应该随着市场环境的变化而不断改变和完善，现在很多企业家已经从最初"以产品为中心"转战到"以客户为中心"。这种观念的改变是一种进步，对企业发展和社会发展都极其有利。

"敬天爱人"是成功创办了两家世界 500 强企业的稻盛和夫的经营哲学，这与马云的"先让客户赚钱，再让企业赚钱"的经营理念不谋而合。"敬天"是遵循事物本身的客观规律，"爱人"则是利于客户经营，他说道："敬爱天人。敬天，就是对自然、对人力以外的事情要有敬畏之心，要按事物的本性做事；爱人，就是要'利他'，以友善博爱之心对待人类。'他'既是客户，也包括顾客、员工、利益相关者和社会。"从中我们可以领略到稻盛和夫在企业发展中对客户的重视程度，他对营销的基本态度就是要做客户的仆人，尽心尽力地为客户提供最好的服务，让客户享受到至尊的服务体验。他还曾这样告诫自己的员工："真诚是人际关系沟通的法宝，会使人解除心灵上的戒备，是企业拉近与客户关系的纽带。当然，这种真诚绝不是一种敷衍，企业要把宽容的心真诚地送给客户，对客户多一种理解，试着理解真诚的内涵。”也正是因为重视客户，不断地给客户带来机会，客户有钱可赚，稻盛和夫才有了更多的机会，才会取得今日的成就。

眼光长远的企业会把企业发展的重心放在提高客户的满意度上，因为只有当企业给客户带来名副其实的服务，并得到客户的认可，企业才能获得利润。客户是企业生产的服务对象，是企业所有产品的使用者，把客户当做上帝，根据客户的需求决定产品的生产方向，真正把客户放到企业生产中，这样企业才能发展好。

5. 一切产品，必须倾听客户的声音

由于全球化经济的影响，当今的市场竞争越来越国际化了。在这种背景下，企业又该如何在百变的市场之中立于不败之地呢？马云说：“其实在公司里，最核心的问题是根据市场去制定你的产品，关键是要倾听客户的声音，市场打进去了，到了一定程度时就必须倾听客户的意见。一切产品都必须倾听客户的意见，必须搞清楚客户到底需要什么，这样我们才能确定怎么生产，确定如何满足客户的需求。”马云一语道破企业长久发展的秘诀，创业者无论在什么时候都要倾听客户的意见，因为客户就是市场，只有抓住了市场，企

业在市场中才有真正的发言权。

了解客户的需求最重要

很多管理专家针对企业产品的开发提出了许多具有建设性的建议，但是在众多建议之中，最重要的一条就是倾听客户的声音、满足客户的需求。现在物质生活越来越富裕，人们对于生活的要求不仅仅是吃饱穿暖，对于生活的品质也提出了更高的要求。因此，企业在发展的过程中除了要严格把控质量关外，还需要对客户市场有充分的了解，研发出更加能够满足客户需求的产品，这样的企业才能在市场中屹立不倒。

阿里巴巴所走的每一步都是根据市场中企业的需求来决定，马云始终坚信：要为客户创造价值。只有创造了价值，客户才会心甘情愿地买单。在中国加入世界贸易组织之后，占据绝大多数的中小企业因各方面的原因很难打入其他国家的消费市场，无法真正与世界接轨。阿里巴巴抓住这个机遇，及时推出了“中国供应商”服务，向全球推荐中国优秀的出口企业和商品，并且与国际的采购集团沃尔玛、通用电器等结盟，共同在网上进行跨国采购。当国际市场的大门打开时，马云清楚地意识到顾客需要这种服务，于是他再次对症下药，为企业的发展赢得了全新的市场。随着网络科技的不断发展以及网络的普及，人们在网络购物的同时，最大的担心便是网络支付的问题，马云在对这一市场进行了充分了解后，立即展开行动，不仅推出了针对企业用户和个人的“淘宝网”，而且为它量身打造了一个安全支付体系，即支付宝。这种支付方式得到客户的认可，许多网民将它奉为“至宝”。无论企业的发展处于什么位置，企业家始终应坚持“客户至上”的营销理念，当产品赢得了客户的喜爱与需求，企业才能在市场中站稳脚跟。

企业要深入市场研究，才能明确客户喜欢什么、需要什么，将他们的需要变成现实。如果企业丝毫不顾客户的需求，只是盲目生产产品或者提供服务，那么可能会给企业带来毁灭性的灾难。“优秀的公司满足需求，伟大的公司创造市场”，要想在市场竞争中取胜，企业就需要在发展中时刻倾听客户的声音，了解客户的需求。

顾客就是上帝

“顾客就是上帝”这一营销理念几乎出现在每个行业的行业准则中。它是指企业员工对待顾客就要像对待上帝一样，要恭敬地为客户服务，“客户至上”是企业成功的重要理念。这要求企业不单单应该满足客户的物质需求，还应该保证客户的精神需求。顾客是商品和服务的消费者，同样也是企业效益的最根本来源。因此，企业要想发展得好，就必须仔细了解不同市场的特点，了解它的客户市场，真正有效地将“顾客就是上帝”这一理念贯彻到底。

蒙牛乳业集团副总裁孙先红曾经说过：“离市场越近的经理人越容易成功，做营销的人不要迷信专家，也不要迷信书本。谁是我们最好的老师？消费者！只有消费者才能成为我们崇拜的偶像。企业营销应该深刻把握、深入了解消费者的内心活动。”著名企业家史玉柱也持同样的看法，他认为应该“让消费者说了算”。脑白金一出现，就迅速占据广阔的市场。史玉柱指出：脑白金的策划完全遵守“721

原则”，即花 70% 的精力服务于消费者，把消费者的需求放在第一位；投入 20% 的精力做好终端建设和管理；只花 10% 的精力来处理经销商关系。想要搞好策划方案，需要了解客户市场，遵循顾客至上的理念。脑白金和黄金搭档的出现是史玉柱深入调查研究的结果，他发现：在中国，至少有 70% 的女性存在睡眠不足问题，有 90% 之多的老人存在睡不好觉的问题，并且在老人和女性之间还有另外一个值得共同关心的问题，就是衰老过快。于是，针对这些由客户需求产生的市场空间，脑白金和黄金搭档慢慢地走进人们的视野之中，并获得了巨大的成功。史玉柱用行动向我们证明了尊重客户，重视客户的需求，切切实实地把顾客当成上帝去服务，会让企业更快地走向成功。

对于企业发展来说，顾客的产品体验往往会影响产品在市场中的竞争力，在互联网时代，因为信息传播具有广泛性和迅速性，企业在发展中的产品问题可能会给企业带来灾难性打击，所以企业在产品开发和产品营销中，要认真听取顾客的反馈意见，不断改进产品性能，最终带给客户满意的产品。

6. 最佳服务即不需要服务

在如今电商云集的时代，服务已引起企业管理者的重视，服务在某种程度上已成为企业销售业绩的致命因素。一个企业只有拥有过硬的产品质量和完善的服务体系，其生命力才会长久。

马云曾提出："阿里巴巴要成为中国客户最满意的公司。"这正是如今的马云和阿里巴巴正在努力做的事情。关于企业服务，马云曾发表过这样的言论："眼睛盯上自己，自己门口的客户都没有做好，就想做天下的生意，那是做不起来的。所以我觉得，小企业不要先想着做强自己的品牌，而要先想着做好自己的服务。"在马云看来，服务是最昂贵的产品。

只有服务做好了，企业才会做大

有一项市场调查的数据表明，有 60% 的消费者会因企业的服务不好而选择别的企业。这也是企业产品服务越来越引起企业管理者重视的原因。一个企业的服务如果不能让消费者满意，那么客户就会流失，企业将会损失严重。只有把为他人服务作为企业的宗旨，企业才能永远地生存下去。

马云曾提出"一块布"的理论，这个理论来源于他的妈妈，他的妈妈从来没买过电器，却对马云说要买海尔的电器，这令马云感到很好奇，向来对电器不关心的妈妈怎么会提议说买海尔的电器，况且现如今电器的品牌有这么多，海尔的也不是最好的。妈妈告诉马云说，海尔的工作人员来家里装空调，都会带一块布把地擦干净。正是这样的服务态度让妈妈记忆深刻，也是这样的态度，为海尔留住了许多老顾客，让海尔这一老品牌在当今日新月异的形势下，继续立于不败之地。所以，马云说："这块布擦的不是你们家的地板，擦的不是你们家的机器，擦的是顾客的心。"

互联网越来越深入人们的生活，其服务特性也越来越突出，电子商务的市场争夺战随之更加激烈。现如今知名的网络平台有三种模式：如阿里巴巴的B2B模式、天猫商城的B2C模式、淘宝的C2C模式。早在2012年，苏宁、国美、京东为争夺市场份额而打响的电子商务行业的价格战，导致电子商务行业元气大伤，并出现下滑趋势。因此，各种各样的促销活动也渐渐失去了热度，可就在这一年，阿里巴巴旗下的天猫商城却用真实的数据让人们重新看到电子商务的生机。

马云称："'双十一'已经不是天猫和其他电子商务企业之间的价格大战，而是电子商务的一次狂欢，是商家应该给予用户的回馈，是电子商务这种全新的商业模式对传统商业生态的一次革命性颠覆。""双十一"是天猫给客户准备的专属于消费者的购物狂欢节。工作人员、商家、快递等等都在紧锣密鼓地准备着，为了防止快递延误，给客户带来不便，天猫更是联系了多家快递公司，保证客户的包裹能够准时到达。2012年11月10日11点58分，随着凌晨的钟声响起，一场专属于客户的星级服务慢慢展开。

改善用户体验，是伴随着电子商务服务业日益完善而出现的新词汇，也是天猫“双十一”的营销理念，更彰显了“客户第一”这一服务理念。

用服务留住客户

作为一位合格的企业管理者，需要思考的问题有许多。什么样的服务才是顾客最需要的？什么样的产品才能赢得顾客的青睐？什么样的营销方式才能让顾客群体越来越大？“客户需要什么”是企业管理者最先要思考的问题，马云曾在《赢在中国》中说道：“我认为电子商务本身就是一个服务型行业，是以服务为导向的。服务是全世界最昂贵的产品，最贵的服务是不需要服务。”由此可见，一套完善的服务体系对于一个公司来说是至关重要的，优质的服务能够打动人心，世界上几乎任何一种产品都是可以被模仿、被超越的，但服务是无法模仿的，因为真诚的服务体现了商家的诚意和员工的用心。

海尔作为老牌电器公司，其服务理念和态度在业内得到一致好评。马云曾多次提到海尔公司的服务态度。海尔公司有一套严格的管理制度，从产品设计到售后服务，均用行动证明其服务至上的理念。有这样一则故事，海尔服务中心的工作人员接到一个电话，反映说洗衣机的排水管堵得严重。海尔的售后人员上门维修时发现，原来这位顾客用洗衣机洗地瓜，才导致洗衣机的排水管被堵，最后为了防止类似问题再次出现，工作人员帮顾客把排水管加粗了。海尔的工作人员回来后汇报了这一情况，为了满足顾客的需求，海尔相继生产了不仅可以满足一般需求的洗衣机，而且还生产了可以洗水果、地瓜的洗衣机，受到了顾客的广泛欢迎。顾客第一，满足顾客的需求，把顾客放在首位，让顾客感觉到生产者懂得用心和工作人员尽心，这就是尽管家电产品越来越多，海尔的价格比市场上同类产品要高出一些，但仍有人坚持购买海尔产品的原因。

市场竞争永不休止，每行每业在每天都会有不同的公司出现。每当新的事物出现，市场竞争就会更加激烈，但是不管采取什么样的手段来争夺市场份额，服务都是不可被忽视的。服务是现代企业竞争的核心武器，可以说没有服务就没有企业，现代的营销观念在不断地改变，人们不再会为了需要而盲目地购买商品，更多地是获得一种服务态度的体验。所以，如何提高顾客的满意度，如何切切实实地服务于客户，是每个企业的必修课。

7. 研究明天，研究自己，研究用户

互联网的技术不断提高，其智能化、民用化日益成为互联网行业未来的趋势，这就对互联网企业提出了新的要求，只有清晰地把握市场的发展方向，拥有灵敏的市场嗅觉，对企业进行前瞻性的布局，企业才能走得更远。

其实做企业跟做人一样，一个人如果不为明天、后天活着，就会没有希望和信心。企业也是如此。只有研究明天、研究自己、研究用户才是往前看，才能够实现企业的长远发展。

关注市场，关心未来

随着云计算越来越频繁地出现在人们的面前，它也渐渐地被运用到企业中，但是若要给云计算下一个准确的定义，却是众说纷纭。做网络计算的认为：云计算就是网络计算的下一步。清华大学博士，学科代言人，中国云计算专家委员会委员刘鹏教授就曾对云计算做出长短不同的两种定义。长定义是："云计算是一种商业计算模型。它将计算任务分布在大量计算机构成的资源池上，使各种应用系统能够根据需要获取计算力、存储空间和信息服务。"短定义是指："云计算通过网络按需提供可动态廉价的伸缩计算服务。"云计算在互联网快速发展下滋生的产物，它是顺应时代发展趋势而产生的，当新事物出现时，就需要有人提前发现市场变化，并且做出反应。

马云凭借着敏锐的市场观察力看到了云计算的广阔市场，但是当时的他并没有任何动静，而是按兵不动，因为他清楚地知道，阿里巴巴与谷歌、IBM、亚马逊这样的互联网大公司相比，在技术上还是有很大差距，阿里巴巴还需要向它们学习。所以，在这种前提下，马云没有在第一时间内有所作为，而是在3年后，即掌握了云计算核心技术后，才有了阿里云。阿里云诞生后，马云凭借对中国市场的充分了解，迅速占领了中国市场的云端服务份额，并且在

2014 年击败了 IBM 甲骨文等国外厂商，同时与国内最大的 IT 服务商东软集团结盟，正式宣布成为中国云端服务的领军企业。

阿里云在中国市场中发展良好，紧接着开始开拓国外市场，走向世界。阿里巴巴在短短几年时间内，由刚开始的按兵不动到后来的风生水起，靠的不仅仅是自身的实力，还有敏锐的市场观察力和对自己能力的正确估量，阿里巴巴能后来者居上离不开企业经营者的战略规划。马云在企业发展的过程中不断地研究明天、研究自己，他研究明天是为了发展新的市场，研究自己则是正确地评价企业在市场中所占的市场份额，以及企业自身的优势与劣势。

一个人的能力决定他的高度，企业管理者的远见决定着企业能走多远。一个企业只关心当前脚下所走的这条路是远远不够的，这样的企业很难有未来。研究明天，研究自己，这是一种未雨绸缪的智慧，是一种远见卓识。

研究用户，抢占商机

有这样一个小故事：两个商人先后来到遥远的阿拉斯加。先到的商人带着两袋帆布来到这里，这里的人们没有见过帆布，更没有想到世界上有这么好的东西。于是，当地人用最热情的方式接待了这位商人，并在他临走时赠予他两袋金子作为酬谢。另一位商人听了他的经历后，满心欢喜地带着雨鞋踏上了旅程，阿拉斯加的人同样没有见过雨鞋，他们甚至觉得雨鞋比帆布还要好，于是更加盛情地款待了这位商人。他们认为金子不能够表达对这位商人的感激之情，商讨过后，决定赠予商人许多帆布。

马云就曾说过：“商场往往就是这个样子，你抢先一步，占尽先机，得到的是金子；而你东施效颦，得到的可能就是帆布！无论从事何种事业都必须早起步，先下手为强，抢占工作制高点，很多创新都是发明者得到了最大的好处。如果常常跟在别人后面也容易受人制约，失去自主权。”奇虎的董事长周鸿祎在最初做 360 安全卫士时，并不收费，且重视用户体验和产品质量。免费杀毒在最初时被许多人认为是大逆不道的事情，但是在周鸿祎看来免费就是赚大钱的方法，这才是互联网中“最有力量的东西”。正是周鸿祎这种看似大逆不道的“突破式的创新”，使他从客户需求中看到了市场。只有站得够高，才能够看得更远，才能够准确地预见市场，并抢占先机。

为客户创造价值是企业取得成功的关键。企业发展中应不断地研究用户，研究市场，迅速做出决策，抢占商机，这样才能够在市场中占有一定的市场份额，实现企业的战略转型。

8. 机会意识是营销思维的支柱

机会是客观环境为经营主体提供的生存和发展的可能性。机会是优势，也是营销思维的支柱。对于企业来说，在关键时刻一定要抓住机会。市场需求就像一块空地，需要经营者去发现、去开垦。因此，对于企业管理者来说，除了紧跟市场、顺应市场潮流外，更重要的是发现商机。

跟市场，不如造市场

有这样一个小故事：两个人外出打工，在候车站等车时相遇了，他们一个要去北京，一个要去上海，但是邻座的人在议论说：上海人精明，问个路都要收费；北京人质朴，见了吃不上饭的人，不仅给馒头，还给旧衣服。于是两个人在心中都有了各自的打算，去上海的人看到了北京挣不到钱也不会饿死，去北京的人则从上海问路收费中看到了商机。没过一会他们又在退票处相遇了，原本去上海的人去了北京，去北京的人去了上海。去北京的人发现北京对待外来人十分包容。而去上海的人凭借着乡下人对于泥土的感情和认识，以“花盆土”的名义开始了自己的创业，经过他的努力，公司业务在不断扩大。几年后在一次出差的火车上，两人再次相遇了，但他们的处境已截然不同，一个是小老板，而另一个靠捡破烂为生。

这个小故事中蕴含着大道理：要抓住机遇。等待市场，不如利用自己的优势或者市场的需求创造优势。马云就是这样一个不断创造市场的企业管理者。在阿里巴巴创建之初，他就把目标放在了中小企业上，但是中小企业存在融资难的问题，严重遏制了它的发展，同样也影响了阿里巴巴的发展。根据银行的相关数据显示，中小企业已成为国内银行最重要的贷款申请群体，在中国的企业群体中，超过 90% 的都是中小企业。这些中小企业根基不牢，缺乏资金，在各个方面都没有任何保障，银行从自身风险考虑，往往会拒绝它们的贷款请求。而马云却从中看到了这个市场的巨大空间，而这个空间不仅能够突破中小企业的信用瓶颈，同样也能吸纳更多的中小企业加入到阿里巴巴的诚信通之中。眼光超前的马云凭借自己的能力以及各方的相互配合，彻底地打开了“e 贷款”的市场，国内的第一批企业——阿里巴巴 4 家网商，依靠网络诚信度，获得了建行的“e 贷款”，由此企业诚信度首次成为企业贷款的审核标准之一。阿里巴巴的这一举措，不仅为中小企业解决了贷款难的问题，也为阿里巴巴带来了巨大的客户市场。

马云如同一个新事物的创造者，他不但发现了“中国网商”这个从来没有人发现的市场，而且还像种庄稼一样不断地给它浇水施肥锄草，渐渐把这块市场养活并不断扩大，最后丰收。跟市场不如造市场，这是马云成功的又一重要因素。马云不仅扶持了一大批中小企业，而且让越来越多的中小企业依附并且离不开阿里巴巴，既让中小企业得到了发展，也让阿里巴巴自身获得了巨大的生存空间。

以变应对变化的市场

面对千变万化的市场，无人能总结出其中的规律。马云曾说道："变化是痛苦的，但也是必需的！如果我们不改变自己，那么我们的对手、投资者、客户和市场就会残酷地改变我们。"马云深知市场变化的速度是无人能估量的，企业该做的就是以变应变。因此，马云把"拥抱变化"当做阿里巴巴的一条基本原则。对于互联网市场来说，新事物层出不穷，而互联网行业本身就是一个需要不断创新的行业。如果不能及时发现机会，那么势必会被市场远远地甩在后面。对于企业来说，要正视变化，拥抱变化，并顺应变化，主动变化。

阿里巴巴的变化可谓贯穿了企业的整个发展过程。在最初中国市场上都是美国模式时，阿里巴巴一改以往只为大企业服务的模式，做起了"中小企业的救赎者"，这种模式被称为电子商务的第四种模式。当门户网站在中国市场遍地开花时，阿里巴巴又出现了"BBS"的网站模式，办起了"网上的集贸市场"，从而在中国市场吸引了大批中小企业。后来为了解决中国电子商务中出现的诚信问题，阿里巴巴主动变化，推出了诚信通，使得网上交易的诚信度得到大大的提高。在淘宝出现后，阿里巴巴为了适应中国国情的网上支付模式，创造性地推出支付宝作为一个完全免费的第三方信用担保工具，并且提出了"你敢用，我敢陪"的承诺。这种方式大大提高了用户对于网上购物的信用度，使支付宝成为中国网上支付市场的老大。

马云用不断的变化来应对风云突变的市场。在网络化时代，网络给企业带来更多的是危机感，而市场在催促着企业变化的同时，也存在大量的机会。对于早已习惯变化的阿里巴巴来说，变化的背后就是机会，机会就是企业发展的关键，阿里巴巴非常欢迎这种变化的到来。

9. 把灾难变成优势

马云说过："昨天的事大家拼的是记忆，未来的事大家拼的是想象，想象要的是理想，还有现实。我自己觉得对未来，在所有人觉得好时，我一般觉得灾难就临近了；所有人觉得是灾难时，我就觉得机会来了。"在马云看来，灾难就是优势，是企业发展的转机。

把灾难变成优势，说起来容易做起来难。如果一个企业想要把灾难变成优势，首先要有面对灾难的勇气，并且能够找到转化的方法，这是企业家应该具备的基本能力。"灾难来了就得面对，敢上市就不要害怕。"这是马云面对灾难时的勇气，每一个想要成功的企业都需要这种勇气。

把灾难变优势

在马云带领着自己的团队（即后来闻名遐迩的"十八罗汉"）创业时，他们所经历的灾难数不胜数，但是他们坚持了下来，把灾难看做彩虹出现之前的暴风雨，他们学着转换，把灾难变成自己的优势。

淘宝在最初建立时，宣布“三年之内免费”，震惊了当时的整个互联网。在他们看来，企业的建立就是为了盈利，如果企业不收费，那么这个企业是不会走远的，不收费必定会导致企业资金周转不开，但对于当时的阿里巴巴来说，免费却是最好的方式，是最贴切当时的国内市场环境的。淘宝的免费吸引了越来越多的用户，同样减轻了中小企业的经济负担，无论是对于中小企业还是阿里巴巴都是一次完胜。淘宝不断地发展，急需要安全的支付渠道为其安全保驾护航，这时支付宝就出现了，但是在支付宝还未出现之前，当时国外的支付体系都是建立在信用卡体系上的，由商家承担拒付风险。当时中国的国情是借记卡“一卡风行天下”，知道信用卡的很少，更别说是使用了，中国的网上支付必须建立在借记卡之上。该如何改变这种极不安全的支付方式呢？网上诚信问题不断出现，阿里巴巴怎样才能取得客户的信任呢？这些问题对当时的阿里巴巴来说，无疑是一场灾难，而支付宝作为一种信用中介的出现，不但摆脱了这种极不安全的网上支付方式，使买家能够放心地在网上购物，更使阿里巴巴把灾难变成优势。

支付宝的出现，是中国的互联网市场上的一项重大创举，它突破了在中国电子商务中长期困扰其发展的信用、支付等问题，给中国电子商务市场带来了生机。淘宝曾因支付安全问题严重阻碍了其健康发展，面对支付问题给淘宝带来的灾难，马云推出的支付宝，不仅解决了淘宝支付安全问题，并且使阿里巴巴的业务范围不断扩大，给阿里巴巴带来了新的发展。

敢于创新

在企业的发展过程中，固步自封是慢性毒药，止步不前是灾难。企业需要创新，只有创新才能推动企业进步。创新是把灾难变成优势的必由之路，敢于创新，做别人没有做过的事情，才能帮助企业走出困境，走向成功。

世界上最大的食品制造商雀巢公司，已有一百多年的历史，雀巢的产品影响力为什么会这么持久？因为雀巢从来不安于现状，一直致力于寻求创新。雀巢（中国）有限公司董事长兼行政总裁穆立先生在一次活动中，与参会者分享雀巢的成功经验："在我看来，雀巢持续成功的基础首先在于它的长期稳定发展策略……雀巢公司的另一个重要成功因素在于，它非常重视持续地改良和创新，不断寻求营养和食品加工方面的最新技术经验，不遗余力地从事研究开发。"关于雀巢的产品创新，有这样一个小例子：雀巢公司在发现其铁罐装糖果和浓缩牛奶的市场份额不断下降后，便开始走上了创新之路。雀巢公司决定采用一种新型的包装理念和包装生产线，他们把浓缩牛奶灌装到有一个清洁、可调节阀门的可挤压塑料瓶中，额外的包装成本不但没有使产品的销量降低，反而增加了 15% 的销售量，使雀巢从中获得了更多的利益。雀巢公司的不断创新，为自己在行业中始终占据重要地位奠定了基础。

只有创新，企业才能立于不败之地。对于企业发展来说，创新是企业发展的手段，是企业占据市场的最有利因素。因此，企业在发展中要积极求变，努力创新，并善于在失败中寻求转机，把劣势变成优势。

NO.4

用实力，赢机遇：

马云谈竞争的谋略

1. 竞争是一场游戏，更是一种艺术

在企业的发展过程中，竞争时时刻刻都存在。竞争对于任何企业来说，都是一把双刃剑，既是机遇又是挑战。因此，如何正确看待竞争才是关键。

马云曾说："竞争是商业竞争中的一场游戏，更是一种艺术。创业者首先要有向竞争者学习的态度，只有这样才能快速进步。"都说商场如战场，然而对于企业来说，所谓竞争不是要你死我活，而是要向对手学习。

向对手学习，超越对手

一位体育教练这样说："竞争对手是每个运动员最好的教科书，谁要想战胜竞争对手，谁就得向竞争对手学习。"同样的道理应用到企业竞争中也很合理。对于企业来说，企业要想长久发展，就需要竞争对手。在马云看来，竞争最大的价值，不是打败对手，而是向对手学习。有竞争，企业才能最大程度地发挥潜力。对于企业管理者来说，遇到一个旗鼓相当的对手更是一种馈赠。

有人曾经问马云，阿里巴巴最大的竞争者是谁，马云不假思索地说是沃尔玛。对于马云来说，正是沃尔玛的这种模式给了他很大的

启示，沃尔玛在生产销售的过程中严格控制每一个环节的成本。麦肯锡全球管理咨询公司认为，沃尔玛也和一些贸易公司交易，但更多地是和生产厂家直接交易。沃尔玛凡事都是亲力亲为，成本虽然高了许多，但是避开了传统供应链的低效率和多级加价，这给沃尔玛带来了巨大利润空间。马云从沃尔玛与厂家的直接交易中看到了新的发展方向，正是沃尔玛的这种方式让马云在构建淘宝的过程中受到很多启发，并带给他难以想象的成功。

从沃尔玛身上，马云看到传统产业链的低效率对制造商的压榨，这种现象在中国市场上更是广泛存在。中国的一些中间渠道如国美、永乐的利润高达 15%，而制造商的利润只有 3%。在这种市场背景的前提下，马云把阿里巴巴定位于建立一个可以让厂家和消费者有更好互动的平台。马云设想了一种至今很难让人复制的疯狂做法，那就是把阿里巴巴的卖家和买家引到拍卖网站淘宝，让卖家可以与消费者亲密接触。这种模式就是当今广为人知的 B2C 模式。如今这种模式已成为商业常态，许多实体商铺如苹果、阿迪达斯、华硕等都已入驻淘宝，而未来还会有更多的企业入驻阿里巴巴。阿里巴巴用 B2C 的形式打通了 B2B 和 C2C 的界限，发展网上零售。截至 2006 年底，淘宝的营业额已超过沃尔玛在华的营业额，现如今淘宝更是风生水起，其注册用户仍在不断增加。

在许多武侠小说中都有类似的情节：一个习武的人，开始时武功并不高，随着剧情的发展，遇到了一些功力深厚的人，经过不断的比试后，学到了对手身上的一些招式，最终成为武林高手。对于马云这样一个武侠迷来说，他觉得这些道理是相通的，只有向对手学习，取他人所长，为自己所用，才能够更加强大。“三人行，必有我师焉。”竞争是一种能力，向对手学习更是一种艺术。

在竞争中完善自己

美国管理学家彼得提出过一个在经济学中非常有名的效应，叫短板效应，也称木桶效应。它的意思是一只水桶能装多少水，并不是取决于最长的那块木板，而是取决于最短的那块木板。因此，找出自己的短板是完善自己的最好办法。每个人都有自己的短板，同样对于企业的发展来说，也是如此，在行业中既有长处，也有不足，而这些缺陷对于企业的发展无疑是一种潜在的威胁。在这种情况下，我们需要在竞争中补足自己的短板，完善自己。

2010 年，诺基亚依旧在智能机市场占据主导地位，但同时 Android 和 IOS 凭借出色的用户体验和自身的优势，表现出巨大的发展潜力。随着国内 3G 网络的建设和智能机的快速发展，高端的智能机市场基本上被苹果、三星占据，中低端市场，被华为、魅族占据，而在此时看到了智能机巨大潜在市场的雷军带着他的小米，在激烈的市场竞争中走出了自己的发展之路，雷军清楚地知道，小米的自主产权较低，其 MIUI 系统则是在安卓系统的基础上根据国人的习惯深度优化、定制和开发的第三方系统。这时，雷军便把注意力转移到 MIUI 系统上，建立发烧友社群，通过潜在消费者对手机功能的需求反馈来研发产品，再根据整个的“发烧友”群体，进行细分，针对不同的用户提供具有相对服务的产品。小米还可以通过客户需求定制具有个人风格的手机，这种顾客至上的服务使小米赢得了消费者的喜爱和追求，创造了良好的口碑，同时也在激烈的市场竞争中扩大了小米手机的市场占有率。

没有比较就没有进步，只有在比较竞争中才能看到自己与对手间的差距。小米就是在差距中，寻找企业发展新的机遇，在同质化中寻找市场差异化，企业才能够在竞争中脱颖而出。

2. 永远不要低估对手

竞争对手是企业发展的重要一环。有些企业做大了，会傲视一切，认为竞争对手是处于弱势的一方；也有一些企业，它们虚心请教，竭诚相待，从来不低估竞争对手，这样的企业才有可能成为行业中的常青树。

马云曾说："我们做企业的，每天都如履薄冰，对于每一个项目、每一个过程都要非常仔细。所以请大家注意，不管你拥有多少资源，永远要把对手想得更强大一点。哪怕对手非常弱小，你也要把他想得强大一点。"

永远要比别人多走一步

李嘉诚曾说过："要清楚，无论从事什么行业，都要比竞争对手做得好一点。就像奥运会赛跑一样，只要快 1/10 秒就会赢。"在企业的发展中也是如此，只要我们在发展中多想一点点，也许这一点点就会让我们领先他人，比别人多走一步便是一种竞争策略。比别人多走一步不单单是一个理念，我们应该把它融进企业的血液里，构建到企业的文化之中，让它变成企业员工的一种习惯。这样的习惯是一种很健康向上的正能量，这种正能量会让企业在竞争中脱颖而出并拿到主导权。

淘宝与 eBay 的大战震惊了当时的互联网圈子，放言进军美国的马云，公开与 eBay 叫板。对于这场战役，马云提前做好了准备，早就开始关注 eBay 在中国互联网市场中的举动，"eBay 公司所有的高层资料我们都会详细分析，他们在世界各地的打法，他们擅长的各种管理手段和应招特点，我们都会仔细研究"。马云如是说道。因为 eBay 是上市公司，淘宝对 eBay 的了解远远多于 eBay 对淘宝的了解。eBay 的强大让淘宝不敢轻敌，而淘宝刚出现时，并没有引起 eBay 的注意，直至淘宝的市场份额越来越大，eBay 才开始正视之前完全轻视的淘宝，结果这场战役以淘宝的胜利而完美落幕。面对淘宝的成功，马云评论道："我们与竞争对手最大的区别就是我们知道他们要做什么，而他们不知道我们要做什么。"正是淘宝比 eBay 在关键时刻多走了一步，才成功了。

当今企业愈来愈重视正当的竞争管理，竞争不能盲目，需要很多技巧，并不是简简单单地如武林高手过招般打打杀杀。竞争是一门学问，同时也是一种大智慧。在竞争中要把对手想得强大一点，比对手早走一步，高估对手对于企业来说是一种激励，但是低估对手就很容易自取灭亡。商场如战场，境况瞬息万变，不管你有多少资源，实力有多么强大，资金有多么雄厚，都不应该骄傲自大，企业应有的状态应该是尊重对手，永远要比对手多走一步，并时刻准备做好危机处理，这样的企业才能充满活力和生命力。

轻视对手就是葬送自己

轻视对手，不仅仅是对对手的不尊重，更是对自己的不负责。在企业竞争中，作为一个有头脑的管理者，不单单需要具备商业管理的才能，更重要的是要在企业发展的过程中，时刻保持头脑清醒，对企业的现状做出正确客观的评估，不轻视任何一位竞争对手。正确的评估对企业发展来说是非常必要的，这样的企业管理者才是真正对企业未来负责的引导者。

在移动电话还是模拟机的年代，摩托罗拉的移动模拟机占据了世界移动电话市场的70%以上，摩托罗拉由此获得巨额财富，成为当时无可匹敌的移动公司。至今还应用在大多数移动手机上的中文技术是摩托罗拉公司研究出来的，在摩托罗拉大获盛名的年代，诺基亚还是一家不起眼的小公司，所以当诺基亚提出购买中文字幕技术时，摩托罗拉毫无防备地答应了。渐渐地，随着网络技术的不断发展，这种模拟机已经失去了市场，尽管摩托罗拉不断地顺应潮流研究市场需要的手机，但还是未能改变龙头老大地位不保的局面。摩托罗拉由于轻敌，把企业重要的资源卖给了诺基亚，从而断送了大好前程。

为什么说把竞争对手想得强大是一种竞争哲学？我们看到竞争，首先想到的是用尽全力打败对手，但是真正的竞争哲学，不仅仅是在势头上打压对手，而是无论对手强大与否，都能够认真对待，尊重对手，永远不要轻视对手。竞争自古就是社会普遍的现象，也是因为竞争的存在，企业才能不断地发展，社会才能进步。

3. 真正的竞争对手是自己

无论是在生活中还是工作中，竞争对手都是不可或缺的存在。许多人容易看到表面的对手，把一个企业与另一个企业之间的较量看成是最后的较量，却没有意识到只有自己才是企业发展真正的竞争对手，这也是一些企业会在鼎盛时期悄然消逝的原因。道家说："内圣，才能外王。"要想战胜别人，首先就要战胜自己。对于企业来说，也是如此。

"没有公司会对阿里巴巴构成威胁，真正的威胁来自于我们自己。中国市场上也许会有50个和阿里巴巴相似的公司，但是永远只会有一个阿里巴巴。"马云的这句话听起来有些狂傲，却一针见血地指出了企业发展真正的竞争对手就是自己。

对手是在自己心里的

我们不难发现，企业在发展中会受到来自四面八方的威胁，这些威胁包括内部的和外部的，但不管怎样，它们对于企业自身来说都是一次成长。然而，真正的成长是由内而外产生的，只有这样的成长才能让企业主动认识到自己的不足，企业只有发自内心地去改变、去创新，才能够不断地突破自身的一些不足，才能够真正成长。

目前，淘宝网正在迅速发展，而且随着淘宝和华数数字电子传媒集团合力打造的“华数电视淘宝商城”的上线，淘宝的发展速度和实力更加不容小觑，现在杭州的数字电视用户已经可以通过电视、遥控器在淘宝购物了。近年来，淘宝的海外发展也收获颇多，阿里巴巴和美国 Vendio 公司所达成的全资收购协议也说明阿里巴巴正在尝试打开美国的网购市场，淘宝网要走向世界，甚至成为世界上最大的网络购物平台。但是就在一切看似进展顺利时，2012 年 4 月，淘宝内部出现部分员工腐败行为，阿里巴巴副总裁陶然认为：不能因部分员工的腐败而让整个淘宝团队戴上腐败的帽子。马云的态度也很强硬，亲自出面对当事人进行了严肃的处理，并且将他们悉数辞退。这件事也给马云提了个醒，那就是：不要以为别人不清楚内部的事情就姑息养奸，真正的对手是在自己心里的。这件事后，马云在淘宝的机构中设立了廉政部，时刻警示着公司里的每一位员工：要严格要求自己，认真挑战内心深处的竞争对手。

马云在企业发展中绝不偏袒内部员工，他干脆利落的行事作风让企业上上下下的员工心服口服，同时又给消费者留下了诚信正义的企业形象。有些企业在处理事情时抱着侥幸心理，以为无人了解其内部的真实情况就可以蒙混过关，但是这世界上“没有不透风的墙”。在发展中，企业要严于律己，不忘提高，这样才能得到长久的发展。

摒弃骄傲自满

史玉柱是中国创业史上一位具有传奇色彩的人物，他的成功被历史铭记，同样他的失败也为很多创业的年轻人敲响了警钟。他曾是广为人知的创业天才，同样也是引以为戒的失败典型。史玉柱在1992年创办巨人高科技集团时，成为当时的风云人物；在20世纪90年代中期，史玉柱更是获得“十大改革风云人物”的称号。当时国家的经济形势非常好，史玉柱在商业经济领域运作得得心应手、游刃有余，在种种成功之后，他决定在珠海建一栋自己的大厦。这座大厦从最初计划中的18层到层层追加之后的70层，尽管当时史玉柱手中的资金远远不够，但他沉浸在成功之中，丝毫没有意识到危险的逼近，孤注一掷地要建造中国第一高楼。当时的他心高气傲，坚持不接受银行贷款，主要通过集资和卖楼花的方式集资，最后资金断裂，导致巨人集团坍塌。联想集团总裁柳传志在谈到此事时说：“他意气风发，向我们请教，无非是表示一种谦虚的态度，所以我们没有必要和他多谈，而且他还很浮躁，我觉得他迟早会出大篓子。”柳传志的这种担忧果然成真，随着巨人集团的坍塌，史玉柱一夜之间负债2.5亿，成为“世界首负”。当时的史玉柱因所取得的成而骄傲自满，外表虚心请教，实则骄傲自负，这也为巨人集团的失败埋下了伏笔。之后的史玉柱重新认识自己，摒弃骄傲自满，再次东山再起。

可见，人最大的敌人是自己。骄傲自满自古以来都是成功者难以逾越的鸿沟，对于企业来说，无论取得多大成就，都要始终保持谦虚谨慎的态度，这样才能真正地战胜自己，取得更好的成绩。

4. 骄兵必败，商场也一样

1972年，阿尔·里斯和杰克·特劳特在《广告时代》杂志上正式提出定位观念，这被认为是“有史以来对美国营销影响最大的观念”。之后，阿尔·里斯又把它归结为22条操作法则。骄兵必败法则是其中之一，即成功会导致骄傲，而骄傲又会导致失败。成功有时候会令企业管理者失去理智，使之在企业事务的处理上变得主观果断，有时候暂时的成功给企业带来的不一定是机遇，可能是一种灾难，如同敌人投来的烟雾弹，会暂时蒙蔽企业长远发展的眼光。

骄傲使人落后

“谦虚使人进步，骄傲使人落后”是一句我们时常挂在嘴边的俗语，也是对成功者的告诫。管理者在企业获得巨大成功或是某种荣誉时，更应该保持清醒的头脑。戒骄戒躁在当今时代更加具有现实意义，也是企业家应该具备的基本素养。

近年来的红包大战渐渐占据了春节，各个商家绞尽脑汁为一年一次的红包大战做准备，而微信和支付宝每年的红包大战更是硝烟弥漫，“三年一役战红包，马云推倒了马化腾”这样的标题一时间成为商业经济新闻的关注点。事实上，从2014年开始，微信和支付宝的红包大战就已拉开了序幕。2014年春节时，微信红包的出现让支付宝措手不及，当时正在休假的马云立即赶回公司召开高管会议。随着微信红包的持续走红，马云也开始对支付宝红包进行整改。支付宝不断升级，它不仅是支付，更依靠强大的服务器、多样化的玩法以及2016年春节前夕推出的独具特色的“众人皆寻敬业福”等活动，一举攻下微信的腹地，并在之后的新版本中引入“朋友”一级入口，开通了群账户功能。2016年，支付宝不断升级，开通了“生活圈”，并成功逆袭。支付宝的成功让人们对它重新进行定义，它不仅仅是一个支付平台，也是一个以支付为核心的生活互动平台。可见，只有一直保持谦虚的心态，不断改变和创新，时刻不忘学习和进取，企业才能获得长远的发展。

企业的发展就如逆水行舟，不进则退。真正成熟的企业家时刻都要有自知之明，清楚自己的实力，不骄傲自满，脚踏实地地向着更高的目标前进，也只有时刻谦虚，常有危机感，企业才能走得更远。

居安思危，防患于未然

古语有言：“居安思危，思则有备，有备无患。”居安思危在中国传统文化中有着重要的地位，这种理念在企业的发展中也十分重要，警示着企业无论何时都要有忧患意识。华为集团的总裁任正非曾经说过：“华为总会有冬天的，准备好过冬的棉衣，比不准备好。”

任正非说这句话时，华为的事业正如日中天，可是他却看到了平静背后的巨大旋涡。只有居安思危才是保证企业长久发展的不竭动力。居安思危会让人对企业发展做出理性判断以及正确的风险评估，以减少企业损失。居安思危实质上是一种进取精神，时刻保持进取的姿态，才能成为赢家。

诺基亚曾是手机行业的霸主，但是如今提起诺基亚，人们想到的便是一代之王的陨落。有一个关于诺基亚陨落的小故事在企业之间广泛流传：苹果 iPhone 在刚推出时，诺基亚的工程师对其进行了全面的测试并得出结论——“这手机一点都不坚固，一定没有未来……”如今苹果的发展如日中天，没有企业可以望其项背，而诺基亚已经是明日黄花，无法再续辉煌。在功能机时代，诺基亚靠坚硬的外壳打败了竞争者。而在手机进入智能时代时，诺基亚却止步不前，安于现状，没有看到智能手机广阔的市场，最终走向没落失败的命运。诺基亚的失败具有时代特性，它提醒我们，任何一个企业都应该不断进取、不断创新，要时刻居安思危，只有这样，才能适应时代洪流，远离失败和没落。

一个国家、一个企业、一个人要时刻有居安思危的意识。企业发展有其内在的规律，起起落落，都需要以一颗平常心对待，在“春天”时有“过冬”的准备，成功时的思危，是企业发展中很重要的课程。

5. 不要贪多，做精做透很重要

马云曾说过："看见 10 只兔子，你到底抓哪一只？有些人一会儿抓这只兔子，一会儿抓那只兔子，最后可能一只也抓不到。CEO 的主要任务不是寻找机会，而是对机会说'NO'。机会太多，只能抓一个。"很多创业者在面临机会选择时，总是盲目地贪多贪全，这种企业往往很难发展好，在一个领域做精做透，走专业化路线反而更容易取得成功。

脚踏实地最重要

很多创业者在创业一段时间后会出现迷茫的状态，见不到成效，看不到未来。这时候管理者容易犯一个普遍性的错误，那就是为了防止创业失败之后竹篮打水一场空，在市场上广泛撒网，也就是我们常说的在创业路上不停做加法，不断地为创业添加砝码，但是这种思路往往更容易错上加错。其实，这时管理者更需要的是给自己、给企业做减法，专注于一隅，这样企业减轻了负担，又能一心一意地求发展，成功的可能也就翻倍了。

在《赢在中国》节目中有一位叫钱江的参赛选手，他是一个婚庆服务公司的老板，现在生意非常好，也是由于生意好，钱江不想把事业局限在婚庆服务上，虽然他未想好要做什么，但还是想转行去做其他事。在钱江看来，他现在可以把婚庆公司做得很好，如果有一大笔钱，他同样会把另外一项新的事业做得更好更大。马云认真地帮他分析了现在企业发展的优势：在北京和上海，婚庆的成本是在10万元以上。而且现在钱江的公司有150名员工，他们能够服务1万对新人，并且在北京每年的结婚总数也在10万左右。既然钱江的公司发展前景这么好，那么何不脚踏实地地把这个项目做好呢。在马云看来，钱江的婚庆服务公司有着很好的机会，并且也已经具有一定的规模，那又何必放弃即成的项目而去涉及一个不知道未来在哪里的项目呢。把当下应该做的做好，脚踏实地地一条路走到底，这才是钱江应该走的路。

现在有许多创业者仅凭一时的头脑发热，创业时，想到的不是要做到最好，而是越多越好，这或许与青年的冒险精神、好奇心和胜负欲有关，但是创业者更应该做的，是脚踏实地、一步一个脚印地走下去，这样企业的发展才会更加牢固。如果创业者在创业的过程中朝三暮四，不能脚踏实地地去做一件事，那么企业可能会一事无成。那些一年之内有许多目标的公司，在市场经济中是不能长久生存的，而那些目标明确、脚踏实地、寻求企业发展正确方向的企业，都能够发展得更加长久。

专心做一件事

马云曾说过："希望每个人都来用我的产品和服务，这是不可能的，定位要准确才能做好，对所有的创业者来说，少做就是多做，做精做透很重要。”定位准确，专心做一件事才是企业发展的重中之重。

中国企业家俱乐部的创始人刘东华曾经说过：“一个人围着一件事转，最后全世界可能都会围着你转；一个围着全世界转，最后全世界可能都会抛弃你。”柳传志在谈自己的创业理念时，认为联想做事情的前提有三个：没有好的商业模式不做；有好的商业模式但没有钱不做；有好的商业模式，有钱，但没有合适的人去做。联想之所以能走到现在，很大程度上取决于其极度的专注力。在柳传志看来，只有先把电脑做好，再去做其他事情才有说服力。在联想的发展道路上，也有过许多机遇，但是由于它们与联想专注的领域不相符合，联想果断地放弃了这些机会。什么叫专注力，朝着同一个方向不断地努力就叫专注。我们常说，要是能在10年内只做一件事，那么你就是这个行业的专家。就像马云曾说的那样：“我其实很笨，脑袋那么小，想问题只能一个一个地想，你连提三个问题我就消化不了。”他想告诉我们的就是做事情要专注，才能有如意的结果。

“一辈子做好一件事”就是专注的力量。专注让我们更加专业，更有突破力。对于一个企业来说，专注某一个领域，用心去做一件事情，最终会得到令人意想不到的成果。

6. 取其所长，而不是挑战对手

一个企业应该用什么样的态度来对待竞争对手？马云说："不要去挑战一个强大的对手，而是要去学习它，为我所用。"促使一个企业成功的不是挑战然后打败所有的竞争对手，而是要在企业的发展中，从对手身上寻求对于自身企业有利的因素，学习对手的长处，弥补自己的短处。

每个企业都有竞争，而且竞争是必须存在的。但企业发展目的不应是打败对手，而应在竞争中取其所长、为我所用，以此不断地壮大企业。

从对手那里寻求新出路

我们常说"同行是冤家"。在当今时代，同行业之间的竞争更加激烈，企业发展的关注点大多是如何能够真正战胜对手，却很少有人看到对手身上的闪光点，更别说从对手那里学习长处，寻求企业发展的新思路。我们寻求企业壮大的思路无非就是产品创新、文化管理、迎合市场的需求等，但我们往往忽视了一个很重要的学习对象，那就是对手。在马云看来，对手是企业成长发展中的榜样，而不仅仅是竞争对手。

马云说："在一个行业里，一枝独秀是不行的，也是危险的。中国的事情，凡是三足鼎立才能使一个行业发展起来，至少做大三家才有钱赚。一个很好的例子是 TOM 进来了，三家门户网站之间不打架了。为什么？因为大家都成熟了，这个行业也渐渐成熟了。我希望能看到一个百花齐放的景象。阿里巴巴为其他公司提供了经验教训和资源，其他公司发展起来，也给阿里巴巴带来了许多好处。"马云的话也验证了"只有竞争才能把市场蛋糕做大"的道理。在淘宝出现之前，eBay 在中国市场上占据很大的份额，马云看到 eBay 在全球 C2C 市场中的实力以及对中国市场的窥探之后，选择将 eBay 作为自己的竞争对手，eBay 完全是按照在美国的发展模式生搬硬套到中国的，这也导致 eBay 在中国的发展一开始就有些水土不服。但是，eBay 依旧不管不顾地扩大自己的 C2C 市场。马云经过分析整合后，确定了淘宝的发展模式，即主要针对中国广大的中小企业群体，专门为中小企业服务的模式，并且承诺"三年之内淘宝不收费"，这大大地减轻了中小企业的发展压力，给中小企业一个全新的机会。马云在一次访问中提及 eBay 时这样说道："淘宝能够向 eBay 这样的对手学习，那是一种福气。"在马云看来，给予竞争对手最多的应该是尊敬，向竞争对手学习，才能在其身上看到更多机遇，从中寻求新的出路。

在企业的发展中，竞争的结果无非有两种：要么你败他赢，要么他败你赢。但是随着信息技术的不断发展，时代更加需要团结协作，单打独斗很难成功，我们更应该学习并为之努力的是互利共赢，竞争最大的价值不是战胜对手，而是从中弥补自己，发展自己，带着欣赏的眼光从竞争对手那里寻求新的出路。

取长补短，完善自我

一个想要取得快速发展的企业必须寻找一个强有力的竞争对手，只有当对手越来越强大时，企业的发展才能更加稳定，企业的实力也会不断增加。很多企业在发展过程中往往只看到对手的短处，而忽视对手身上需要我们学习的那一面，企业通过战胜对手赢得更高的品牌知名度，而真正的胜利应该是从对手身上学到利己的东西。有意义的竞争应该是向对手学习，取长补短，竞争不仅是一次学习的机会，还能够最大程度地发挥自己的优势和长处，最终超越对手。

100多年以来，可口可乐和百事可乐一直处于相互竞争和学习之中。可乐最开始是由可口可乐公司发明的，且“正宗的可乐”的口号是：让可口可乐引导这个行业100多年的历史。而百事可乐虽说也有着100多年的历史，但是百事可乐在最开始与可口可乐的竞争中，想要凭借低价的策略在饮料行业占据一席之地，该策略却让百事可乐沦为“低下阶层的饮品”。为了扭转在饮料市场的局面，百事可乐将自身定位为“创新、年轻并富有活力”，独具号召力的口号让百事可乐进入年轻人的市场，最终与可口可乐并驾齐驱、鼎分天下。正是由于一个强大对手的存在，百事可乐才能重新寻求正确的企业定位，也正是这种顺应时代潮流的新的定位，给百事可乐带来了长久的发展。企业在发展中，应该取长补短，才能不断地完善自我。

强劲的对手是企业完善自我的助推剂。在企业的发展中我们需要对手，离不开对手，对手是企业成长的榜样，马云曾经说过："我找的是榜样而不是对手，全世界有那么多的榜样要去看、要去学习，为什么要去找竞争对手呢？"事实确实是这样的，企业的发展壮大是与对手紧密相连的，离不开向对手学习这个因素。

7. 抢在变化之前变化

中国互联网这10年迅猛发展且变化莫测，出现了很多能够经得起大风大浪又独具判断能力的成功人士，其中最具代表性的就是马云。在业界，马云被评为最"不走平常路"的企业家。

阿里巴巴在互联网行业走了这么多年，现在如此成功，到底靠的是什么？马云说："阿里巴巴在过去的7年里和我本人近10年的创业经验告诉我，要懂得去了解变化，适应变化的人很容易成功，而真正的高手还在于制造变化，在变化来临之前变化自己。"变化本身就是难以捉摸的，而赶在变化之前变化对企业以及管理者提出了更大的要求。

拥抱变化，以变应变

在经过了近两百年的现代化进程后，我们现在所处的世界已不同于以往的传统社会，每天都有新的事物出现，不断地挑战现代人的信息接受能力。在这个快速发展的时代里，我们急需一种应变能力，这种能力能够更好地使我们适应生活，做自己生活的主导者，对于企业来说也是如此，如果无法快速察觉身边的变化，很容易被时代淘汰。

对于种种变化，马云的态度是拥抱它。对马云来说，拥抱变化是一种境界，是一种创新，也是在不断地创造变化。马云对创造变化做出了新的解释：“变化有时候是为变而变，但更多时你要比别人先闻到气味不对。这个就属于创造变化。”马云在 2011 年 6 月 16 日正式对淘宝进行了拆分，它们分别为：一淘网、淘宝网和淘宝商城。马云对于为什么要进行拆分予以详细的解释与说明，他提到：“全球互联网和电子商务的形势发生了巨大的变化，我们决定把‘大淘宝’战略提升为‘大阿里’战略，客户的需求发生了很大的变化，新商业文明的建设必然会要求企业内部管理发生根本性的变化，我们必须鼓励创新。”马云对于此次拆分做过这般精确的评论：“我们必须变化，我们必须在变化之前变化，今天的拆分看起来似乎令淘宝网失去规模优势，从有变成了无，但这是无处不在的无。”只有抓住市场变化的细微之处，在变化之前改变，才能有主动权，才能最快地适应市场即将到来的变化。

拥抱变化是阿里巴巴的灵魂。拥抱变化、以变应变是阿里巴巴从最初到现在一直都在坚持做的事情。马云在创办阿里巴巴时，不少电子商务都是面对大公司的，但是在他看来，网络的普及却是大公司模式的终结。当其他人还未预测到互联网公司这个动向时，马云就已经敏锐地预测到这一动向，从而成就了当时不同于任何电子商务模式的、专为中小企业服务的“阿里巴巴”。从创业之初到现在，马云带领着阿里巴巴在变化中探索，在探索中寻求新的发展，抢在变化之前变化，正是马云的经营之道。

世界上没有一成不变的事物，所有事物在无形中都处于变化之中。面对这些变化和发展趋势，我们无法改变，但不能畏惧退缩，而应该积极地面对变化，拥抱变化，提前布局，迎接新的挑战。

唯有走在变化之前

我们生活在一个不断变化的时代，应当紧跟时代的节拍。要成大事者，必须紧跟时代的脚步，善于发现变化，在变化来临之前，走在变化的前面。马云对于变化，也是在不断的调整和适用之中，他说过：“阿里巴巴几乎每天都要面对各种各样的挑战和变化……我以前总是强迫自己去笑着面对并立刻准备调整适应；而今天，我们不仅仅会乐观地面对一切变化，而且还懂得了在事情变坏之前自己制造变化。”企业的发展过程是一段看不见尽头的探索，在这场探索中，企业也在不断做出改变，因为它们清楚地知道，任何抵触、抱怨都不能改变什么，只有变化，才能令企业远离失败。

自1975年发明世界上第一台数码相机后，柯达公司的业绩蒸蒸日上，一度拥有世界胶卷市场2/3的份额，但是却在面对数字成像技术对传统成像技术的冲击时，过于担心胶卷销量问题而未敢大力发展数字技术。在很多企业绞尽脑汁更替核心业务时，柯达却继续躺在胶卷丰厚的利润上睡觉，从而导致其在数字化时代丧失了机遇，最终以破产告终。柯达的破产给我们的启示是，不仅要看到变化，还要勇于变化，走在变化的前面。再好的产品，再好的企业，如若离开了时代潮流，结果就只有一个，那便是“出局”。

身处这样一个转型的社会，要以不变应万变，唯有“变”是永远不变的。“管理学之父”彼得·德鲁克说：“没有人能左右变化，唯有走在变化之前。”在企业的成长中，我们要顺应时代的潮流，抢在变化之前变化，这样才能抢占商机。

8. 争得你死我活的商战是最愚蠢的

商场如战场。在企业的发展中，商战不可避免，商战经常杀人于无形之中。在今天全球化的大背景下，以合作、和谐、共赢为主导的经济文明下，越来越多的企业为构建一个和谐社会而不断努力。然而，也有一些企业为了达到目的不择手段，在马云看来，这些为了达到目的而争得你死我活的商战是最愚蠢的。

善于合作，实现共赢

真正能够实现长远发展的企业一定是善于合作、善于共赢的。哲学家威廉·詹姆士就曾说过：“如果您能够使别人乐意和你合作，不论做什么事情，你都能够无往不胜。”由此可见，对于一个人来说，善于合作是一种社交技能；对于企业来说，善于合作是企业发展的重要能力。面对当今社会中社会分工的日益细化、技术管理日益复杂的现状，合作对于双方都是最佳的选项，只有合作才能实现真正的共赢。

2015 年，马云在中国（深圳）IT 领袖峰会上，以视频发言的方式透漏了一条重要的信息：我们正从 IT 时代走向 DT 时代，互联网企业必须和传统企业紧密结合。21 世纪是互联网的时代，到处都是大数据、大数字。李克强总理提出了“互联网 +”的观念，使得互联网更加受到人们的重视。马云也提到：“我们互联网公司想要活长、活久、活好，就要思考如何用互联网技术、理念、思想和传统行业进行交融及共同发展。”早在几年前，大多数人的印象是随着虚拟经济的出现，快速抢占了实体经济的市场份额，从此实体经济和虚拟经济势不两立。而现在的事实是只有把互联网企业和传统企业结合在一起，企业才能走得更远。马云说：“我相信未来 20 年，哪些互联网公司如果不能和传统行业进行完美结合，哪些互联网公司将不会活得很好，同样哪些传统企业如果不和互联网技术、思想进行融合，我相信它们也活不了多久。所以对我们来讲，未来 DT 时代最大的机遇和挑战就是把互联网经济做起来，使传统行业和 IT 行业完美结合，完美融合。”在常人眼中，看起来互为死敌的互联网行业和传统行业为了共同的发展不断融合和合作，这是时代发展的结果，更是企业发展的需要。

在企业发展中，既要有激烈的竞争，又要有亲密的合作与交流。竞争与合作是一对矛盾的统一体。企业之间没有竞争就没有进步，同样没有合作，企业就会失去发展的方向。企业若缺乏合作精神，是不会取得优异的成绩的。只有懂得合作的企业，才能在市场中脱颖而出。

做好差异化竞争

在企业竞争中有一种模式被称作差异化竞争模式，它是被誉为“竞争战略之父”的迈克尔·波特提出来的。它是一种战略定位，是将企业提供的产品或服务差异化，从而树立企业在全行业范围中具有独特性的东西。这种竞争方式不同于争个你死我活的商战竞争方式，它是提供一些有别于其他竞争者的个性化产品、品牌和服务，从而达到提高市场竞争力的目的。

分别于 1987 年和 1988 年相继来到中国的肯德基和麦当劳，二者作为快餐行业的佼佼者，竞争的激烈程度可想而知，但也因两家快餐店的定位不同，各自都有着一大批忠实的消费者，麦当劳的目标市场定位是小孩，而肯德基更倾向于成人。“麦当劳叔叔”亲切滑稽的形象很招孩子们的喜欢；肯德基“山德士上校”更加受到大人们的认同……由于两家企业产品定位不同，他们依旧能够和平相处。而中国本土的两家企业王老吉和加多宝之间的“红罐之争”却长达两年之久，其间双方因商标、广告语和红罐引发了三场大战，最终通过法院受审以王老吉的胜出而告一段落。在这件事引起人们对知识产权注意的同时，也对双方的股票有不同程度的影响。因此，企业在竞争时不应打得两败俱伤，而应进行差异化竞争，这才是和平的竞争之道。

企业的生存与发展来自于其核心竞争力，而其核心竞争力来自于企业在自身发展中形成的与其他企业截然不同的产品或企业文化。只有有差异的东西才能在市场上站稳脚跟，差异化是企业生存竞争的根本。

9. 灾难来临时，靠的是文化反弹力

每一个企业家都清楚地知道企业的文化软实力对于企业的发展的重要性。但是，创业者在创业的过程中往往会忽视企业的文化软实力建设。在企业探寻最好的治理企业的方法时，“文治”刚开始时在企业管理中能起到更大的作用，通过文化来治理公司，靠企业文化来影响、带动、激励企业员工。文化对于企业的发展有着非常重要的作用，文化反弹力是企业起死回生的关键，在灾难来临时，企业依靠的必定是企业文化。

危机就是转机

企业的发展很难一帆风顺，都会遇到挫折和困难，那么当灾难来临时，要靠什么力挽狂澜？马云说：“灾难来临时，正是因为阿里巴巴有同一目标，才能产生极大的凝聚力，共同渡过难关。”在马云看来，在灾难来临时，企业需要依靠文化反弹力才能把危机化成转

机，暴风雨过后企业会看到全新的未来，企业在遇到困难时，要保持一个良好的心态，冷静地处理暂时的灾难，只有这样，企业才能在危机中找到转机。

灾难如同企业发展过程中遇见的“疾病”，而优秀的企业就像医术精湛的医生，在关键时刻可发挥高超医术来消灭灾难。马云曾以北京团结湖上被冻住的鸭子做比方，来形容当前的灾难。他这样说道：“这些鸭子一直都和野鸭在一起，冬天来了，野鸭都飞走了，这个北京鸭不知道变化，就被冻住了。假如你认为这是一个灾难，那么灾难已经来临；假如你认为这是一个机遇，那么机遇即将形成。去年我跟大家讲，灾难可能会来，现在我告诉大家，机会的形成已经开始，大家开始准备吧！”2011年，因有1107名供应商涉嫌诈骗，阿里巴巴被推到了风口浪尖。紧接着，阿里巴巴公司宣布为维护公司“客户第一”的价值观以及诚信原则，对相关员工进行了辞退，同时CEO卫哲、COO李旭辉也因这件事引咎辞职。在阿里巴巴看来，当灾难来临时，不应消极面对而应积极处理问题，当马云得知诈骗这件事时，非常理智地面对此事，他希望自己的客户知道，阿里巴巴不是一个赚钱的机器，让天下没有难做的生意才是阿里巴巴的使命所在。马云在一封内部邮件中说道：“如果今天我们没有面对现实、勇于担当和刮骨疗伤的勇气，阿里将不再是阿里，坚持102年的梦想和使命就成了一句空话和笑话！”在灾难来临时，应时刻坚守公司至高无上的企业文化，才是企业发展不变的历史信条。很多时候，危机并不能给企业带来毁灭，它很可能是一种机遇。

著名企业家王石曾说：“衡量一个人成功的标准，不是他顶峰时，而是从顶峰跌落低谷之后的反弹力。”文化应该是创业者在刚开始创业时就应该注重培养和发展的，它对促进企业发展的作用是不可低估的。

企业文化管理

当今企业都重视品牌建设，不少企业也曾遭受过不同程度的品牌危机，但是它们凭借自己的文化反弹力，发展得越来越好。所以，对一个企业管理者来说，做好企业文化管理十分必要。马云说：“中国不缺制度，很多倒下去的国有企业，规章制度多到负责制定的部门自己也搞不清楚。但是没有好的企业文化，制度再多，得不到执行，最后还是空的。”在马云看来，企业文化的精神内核是一种油然而生的使命感，“每个企业都要找到自己的使命，这样才有行动准则和方向，才知道该去哪里”。企业文化是企业竞争中十分重要的一部分，它可让企业在竞争中立于不败之地。

马云对企业文化非常重视，他把企业文化作为员工考核的重点，他说：“公司的员工需要做到约法三章的事情是什么？是价值观！这要不断放到整个公司的考核之中。企业文化的价值观不是喊出来或者粘在墙上的，而是通过考核来实现的。这是个分享的时代。成功了，就要和别人去分享成功的快乐。假如你是个员工，你希望你的老板是什么样，你希望你的工作氛围是什么样？而今天，你是经理，你是老板，你就必须替员工去想这些问题。企业管理过程中，真正的‘爱兵如子’，就是从严治军。你爱他们，就要让他们坚守共同达成的原则，那就是企业的使命感和价值观。”企业文化是企业成立的使命，在企业发展中，可以说是“成也文化，败也文化”。文化之于企业就如同水与生命的重要性。

企业文化强大的凝聚力不仅可以把企业的员工紧紧地凝聚在一起，形成强大的向心力，而且能够在灾难来临时，把危机转化为机遇。企业文化管理是一门非常重要的学问，需要创业者不断学习研究应用，形成自己独特的竞争优势，从而促使企业不断发展壮大。

NO.5

用成就，赢客户：

马云谈经商的核心

1. 我不懂互联网，我思考的只是商业模式

在互联网行业，领导者有两类：一类是从技术到管理都熟悉，例如比尔·盖茨、李彦宏、李开复等；还有一类就是利用自己的管理能力，去整合这些技术资源，例如乔布斯、马云。马云在互联网领域就是一个外行人，但他这个外行人，却带领着阿里巴巴走向了辉煌。正如马云所说：“我不懂互联网，我只是在思考商业模式。没错，阿里巴巴本质上就是商人只不过披了个互联网的马甲。”阿里巴巴之所以能成功，与马云在企业管理中的智慧以及独特的商业布局是分不开的，这也是阿里巴巴能够成功的关键。

外行是可以领导内行的

马云曾经在一次回答记者提问关于自己不太懂互联网的问题时，坦诚相告：“对，我几乎不懂网络。到现在为止，我的手提电脑怎么看 DVD，我搞不清楚；怎么储存照片，我也搞不清楚。我只会收发邮件，每天会浏览浏览网页，就这两样东西。”马云不懂计算机，但是他却如盲人摸象般把互联网这个大象掌握得非常好，并在互联网中找到了一席之地。

1995 年，马云在出访美国时首次接触到因特网，之前他连计算机

都没有摸过，当时的他只是一名大学英语老师，在美国刚接触互联网时，便对这个新生事物产生了极大的兴趣，也预测到互联网将会引领这个时代。马云看到了互联网在中国市场巨大的发展潜力，做事果敢的他，说做就做，回国后创办了网站“中国黄页”，1999年又创办了“阿里巴巴”，然而他对互联网领域的专业知识，依旧是个门外汉。他始终认为，外行可以领导内行，但一定要尊重内行，他也永远不会跟技术人员起争执。马云没有海外留学背景，没有很高的学历，也没有专业的计算机知识，但阿里巴巴的所有员工都很尊重他。马云虽是技术上的外行，但却是管理上的内行。马云的优势在于他的商业模式，他的这种模式使他取得了独一无二的成功。阿里巴巴的“淘宝网”“支付宝”“物流宝”等，都是商业模式创新的产物。马云在商界总是能独领风骚的最大原因就在于他总能看得更远，想得更多。没有专业知识的束缚，马云才能在商业上思考得更多，这使他的眼界更为宽阔，格局也更为广博。

新互联网时代下的思考

与大多数的企业管理者相比，马云几乎是个异类。他不懂互联网，也从来不觉得不懂互联网是一个多么大的问题，他在一次采访中说：“因为我不懂技术细节，而我的同事们都是世界级的互联网顶尖高手，我尊重他们，我听他们的。他们说该这样做，我说：‘好，你就这样去做吧。’试想一下，如果我很懂技术，就很可能说：‘那样没有这样好。’我会天天跟他吵架，吵技术问题，而没有时间去思考发展问题。”因为马云对互联网的不了解，所以才有更多的时间去思考互联网的商业模式，常言道："术业有专攻"，马云作为企业的领导者，需要看到企业未来的发展方向，与技术无关，这就要求领导者在商业战略上要具备长远的眼光、宽广的胸怀和实实在在的实力。

中国是一个制造业大国，假货问题几乎是中国企业发展的一大隐患。在所有人都在被假货问题所困扰时，马云却说："不是假货消灭了真品，而是新的商业模式。"阿里巴巴向来都是全球打击假货表现最好的公司之一，因为马云清楚地知道：如果企业不能改善假货泛滥的现状，那将很难在市场中立足；如果不能获得消费者和投资者的信任，企业是无法走远的。因此，在阿里巴巴，假货问题一直是其关注点。马云曾无数次地重申，阿里巴巴对假冒伪劣坚决打击，决不姑息。2016 年 6 月 14 日，马云发消息称："今天赝品的质量已经超过了某些真品，导致在中国最大的网购服务中根除假货的难度越来越大。"现在许多的假冒产品做的比真货质量更好、价格更低。针对这种情况，马云又会做出怎样的行动，会探索出什么样的商业模式，我们拭目以待。

外行是可以领导内行的，前提是外行必须具备良好的领导能力、宽阔的眼界、博大的胸怀，能够对企业的战略发展进行理性的统筹安排。

2. 最优秀的模式是最简单的

放眼望去，世界上很多大企业都在寻求多元化发展，涉足领域众多，而做企业最重要的是找到适合自己公司发展的模式。大多数企业都是在发展中不断地探索，寻找适合企业发展的模式，但在寻找的过程中，经常会出现过度的费时费力，不仅没有找到适合企业的发展模式，而且顾此失彼，最后在各种寻找和尝试中迷失自己。马云曾说过："赚钱的模式越多越说明你没有模式，最优秀的模式往往是最简单的。"

最好的模式是单一的

马云说："我觉得中国有很多机会，但是我们不要去拷贝国外的模式，也不要以外国有没有这样新颖的模式来判断评价我们中国的好坏。别人没有的，你有了未必是坏事；把美国的模式搬到中国来，不一定能行。中国人喜欢玩 BBS，中国长城每一块砖上都写着某某到此一游，中国人就好这个。人家说阿里巴巴是一个公告板，雅虎是搜索引擎，亚马逊是书店，那又怎样？最好最成功的往往是最简单的，要把简单的东西做好也不容易，阿里巴巴要像阿甘一样简单。"阿里巴巴的模式很简单，就是为中小企业的发展提供一个平台。马云并没有特意去寻找适合企业发展的模式，而是根据中国市场环境和阿里巴巴自身的情况探索出自己独特的发展模式。这就是马云的企业模式观点：适合企业发展的才是最好的，简单的企业模式往往是最好的，正因为简单，才更加不容易做到完美。

在《赢在中国》的舞台上，有这样一个人——林天强，他想通过新媒体技术和新媒体商业模式重新整合影视生产发展行业产业链。他的新电影网络平台除了电影，还做一些与电子行业相关的产品，例如书、音碟等，收入主要来源于售票和电影院的分成。林天强的观点并没有让在座的评审搞清楚他到底想做什么样的企业，他有些骄傲地说："你现在没有完全看明白商业模式，我感到很庆幸，你要模仿我就觉得很危险。"在他看来只要是别人没有看懂的企业模式，就是最好的模式。马云直接否认和反驳了他的观点。马云在点评时说道："我觉得林天强犯了一个大忌，你的模式说不清楚，但是你认为自己一定能做出来，我遇到过很多这样的人，不知道怎么做，却相信自己一定能做出来。这是很忌讳的，你要讲清楚，最优秀的模式往往是最简单的东西。尤其在最初创业时寻求简单很重要，我们最怕一个人说我有机会生一个蛋，这鸡说不定会变成奥斯卡的金牌鸡，越说越悬，越跑越远。这是我们的一个建议。你的模式简单，要能说清楚，不要怕因为单一别人会拷贝，别人不一定像你一样特别想把这件事情做出来……"

好的模式一定是简单的，正是因为简单，企业才更加独特。过于复杂的企业模式，虽然让对手不容易看出企业的出牌规律，但是对于企业的长久发展是极其不利的。在企业发展中，没有最好的企业模式，只有更好的企业模式，企业要根据自身发展的具体情况，不断调整战略，不断完善企业模式。

因为简单，所以优越

喜之郎董事长李永军在没有进入果冻行业时，是一家乳品厂的技术员，但他并不满意自己的生活状态，时刻关注市场中的动态，寻找机会。当时，前身是“布丁”的果冻渐渐进入了中国市场，并且刚一出现就受到了追捧。毕业于食品专业的李永军，察觉到了果冻市场的巨大潜力，决心进入这个领域。在创业初期，面对竞争激烈的市场环境，李永军没有盲目参与进来，而是不断地问“自己到底应该做什么？”经过充足的调查和研究之后，李永军给自己的产品命名为“喜之郎”，并确定了“喜之郎为全国性的大众品牌”这一方向，由于对喜之郎的正确定位，再加上宣传力度比较大，很快便成为大众品牌。李永军还时刻关注市场变化，《泰坦尼克号》刚在国内上映时，喜之郎根据电影中的爱情故事进行全国范围的贴片广告，并且在当年的情人节推出了“水晶之恋”，这一营销行为给喜之郎带来了巨大的利益。喜之郎的成功正是因为李永军通过自主创新探索出了适合自己的模式。由此可见，不管选择什么样的企业模式，简单的、适合自己的才是最好的，这样才能成就伟大的企业。

因为优越，所以简单；因为简单，所以优越。企业的模式事关企业的命脉，也是企业在激烈的市场竞争中的有利武器。任何模式，只要是适合企业发展的就是最好的。而无数的事实也证明，最优秀的模式往往是最简单的。

3. 企业发展要顺其自然

马云：“我今天是种萝卜的，才刚种下去，你们就要让我把苗拔起来，看是否长出了萝卜，看萝卜长得多大。只要种的是萝卜，总能长成大萝卜的。”企业发展也是如此。世界上所有的百强企业都是专注于先把企业做好，在市场中赢得了大量的消费者，占据了一定的市场份额之后，才开始着手准备企业扩张，这样的发展才是健康的发展。

要学会专注

有这样一个小故事：小张和小李是高中同学，十几年未见的两个人在一次同学聚会中碰面了，双方都聊起了自己的近况，小张在几年前从外企辞职去创业，现在已经是好几家户外用品店的老板，开着豪车，住着豪宅。与小张相比，小李的生活就没有那么光鲜亮丽了，小李现在是一家小吃店的店主，看到老同学的风光，小李心里很不平衡。之后小李便决定效仿，也要扩张店面，开连锁店。小李的小吃店一直都是他独自经营，虽然生意不错，但也只是小打小闹，想要开连锁店，不管是资金、资源还是个人能力等都十分有限。但小李打算孤注一掷，他将自己的住房抵押，贷了一笔款，开了一家分店。本想大干一场的小李，在忙活了几个月后，因经验不足、人手不足、资金压力等，最终关门大吉。后来，小张知道了小李的情况，便将自己的创业经历以及在创业过程中遇到的挫折和困难都告诉了小李，小李这才知道小张光鲜的背后有这么多心酸的经历。同学聚会时小李看到的只是小张表面的风光无限，而没有看到每一件事情背后小张所付出的用心与专注。小李明白了，要想做好一件事情最重要的是要用心，只有专注才能成功。之后，小李选择重头再来，更加专注地做好每一件事情，他的事业也开始有了起色。任何一个创业者在创业过程中，都要专注，专注于一个领域，而不是轻易被他人左右，失去了思考力和判断力，否则就会同小李一样，盲目投资，最后损失惨重。

马云说："很多年轻人是晚上想千条路，早上起来走原路；而中国人的创业，不是因为你有出色的理想、梦想、想法，而是你是不是愿意为此付出一切代价，并全力以赴地去做它，一直到证明它是对的。"马云走上创业之路是稀里糊涂的，他在美国无意间接触到互联网，在当时的中国互联网是冷门行业，没有人想到要去做互联网。马云在体验互联网时，在电脑的搜索栏中输入"Chinese"一词，结果屏幕上显示的是"nodate"（没有数据），当他输入任意一种产品时，世界上各地的都有搜索结果，唯独没有中国的，这让他意识到，中国在互联网上是一片空白，这里面蕴藏着巨大的市场，所以马云决定要在中国建立一个公司，专门做互联网，把国内企业资料搜集起来放到网上，向全世界发布，将生意做向全世界。马云花费全部心血，专注在这一件事情上，结果他获得了巨大成功。

人生有无数个分岔路，你的每一次选择可能有不同的结果。马云之所以在没有几个人支持和理解的情况下，依旧坚持自己的选择，那是因为他相信，互联网将会给人类社会带来很大的贡献。

好产品才是关键

实力是一个企业在市场中立足的基础。有实力的企业才能在市场中占据一席之地，而产品质量是企业实力的保障，且关系到一个企业的生死。

很多企业都想让自己成为品牌领导者，尤其在当今同质化非常严重的时期，企业都意识到了产品质量的重要性，如何通过好的产品确立行业地位，是影响企业品牌的因素之一。因此，保证为消费者提供好的产品是很重要的一环，通过科技等为产品寻找更多的消费市场也成为很多企业苦苦寻找的一个重要突破点。2008 年，星巴克经历了史上最差的业绩，很多人都认为这是由于外围经济差所引起的，但是在星巴克的创始人霍华德·舒尔茨看来，是由于星巴克品牌的核心价值受到了破坏，最终消费者远离了星巴克。于是霍尔德·舒尔茨重返星巴克并担任 CEO，开始进行一系列的改革。霍尔德·舒尔茨在创办星巴克时，首次提出了 Third Place 概念（第三生活空间），他希望通过咖啡的气味和环境让人们将星巴克当成家和公司之外的第三个去处。这个所谓的核心价值并不特别，香港的 Pacific Coffee，台湾地区的真锅咖啡、堤咖啡，内地其他的咖啡连锁像雕刻时光、漫咖啡等也有类似的概念，都做得很出色。霍华德·舒尔茨说："我们的核心价值观是：提供世界上最高品质的咖啡。引进自动浓缩咖啡机的确解决了服务速度和服务效率的问题，但也使咖啡厅大部分的浪漫氛围与亲身感受大打折扣……由于我们运送及储藏咖啡的方式，在门店中，源自新鲜研磨咖啡的那种醇香，让人浮想联翩的馥郁香气慢慢变淡直至消失。没有了它，星巴克就无法令顾客跳出他们的日常生活，无法体现第三空间的核心价值。”咖啡是星巴克的核心。只有把咖啡这一关做好，星巴克才能留住更多的消费者。后来星巴克在霍华德·舒尔茨的调整下，用高标准要求产品质量，再次成为行业翘楚。星巴克通过它的认真，让消费者感受到了它的用心。可见，好产品才是企业成为领头羊的关键。

企业的发展很难顺风顺水，但想要做成一个优秀的企业，做好质量是关键，也是企业成功之本。企业发展要在顺其自然的情况下有所作为，只有学会顺其自然，才能够慢慢地积累，稳稳地获得成功。

4. 只做四两拨千斤的事

“四两拨千斤”最初是武术技巧术语，记录在太极拳《打手歌》中：“任它巨力来打我，牵动四两拨千斤。”这句话用在企业发展上更加适合。对于大企业来说，这是企业项目成功的推力；对于成长期的小企业来说，在关键时刻，善于四两拨千斤是一种经营智慧。

做好而不是做大

马云曾在《赢在中国》中说：“每个成长型企业都会碰到成长中的痛苦，几乎所有以销售为导向的企业都会遭遇先求生存后求发展的问题。初创企业都希望迅速做大做强，但想要生存下来的第一个想法应该是做好，而不是做大，这是我们这么多年走下来的经验。”从淘宝到天猫，从支付宝到余额宝，从物流宝到菜鸟，马云总能抓住关键点来四两拨千斤，他利用互联网、大数据将无数个中小企业、无数个人变成一个紧密的整体，同时也使阿里巴巴实现了其最大价值。

马云在最初接触互联网后，便决定要进军互联网行业，在当时，很多人不知道互联网为何物，因此马云带着中国黄页到处推销时遭遇了很多人的质疑，甚至被认为是骗子，但他并没有放弃，且不断地暗示自己：“互联网是影响人类未来生活 30 年的 3000 米长跑，你必须跑得像兔子一样快，又要像乌龟一样耐跑。”在马云的努力下，中国黄页终于找到了盈利的方式，并且创造了年营业额高达 700 万元的奇迹。在取得成就的同时，马云又开始思考中国黄页的发展，是将它继续做下去，还是找合伙企业一起来追求更大的梦想？马云的第一个念头是要把企业做大，而不是仅局限于将中国黄页做好，这时摆在他面前的一条路就是与杭州电信合作。但是好景不长，由于马云没有掌握企业的主动权，双方意见不和，观念不同，合作没有成功，他最终只能选择放弃所有的股份。

后来，马云重整旗鼓，最初创立阿里巴巴时，他将办公室放到自己那100多平方米的公寓内，他和他的小团队没日没夜地工作。很快阿里巴巴就盈利了，而后许多企业提出了优厚的条件想要与其合作。但是马云当时想的是如何把阿里巴巴做到最好，再去扩大其规模。经过中国黄页的失败，马云不敢轻易扩张，他要等到最好的时机再去想如何做大做好。一次在一个节目中马云回忆这些经历时说："事实上，在创业的路上，只要不放弃就会有一线机会。当你的力量很渺小时，你必须学会专注，靠大脑生存，而并非力气。"在最好时出击，才能一招制敌。

把企业做大是每个创业者都想要做到的成绩，但是真正能把企业做大做强的却屈指可数。为什么大多数创业者无法成功，为什么很多企业无法成为真正的大企业？那是因为他们只顾着要把企业做大，而忽视了企业在扩张中所需的实力，没有脚踏实地地去先把企业做好。

抓住关键才能赢

在企业的运营中，能够真正做到抓住关键、四两拨千斤的很少，因为很多企业没有对市场进行充分了解就急于求成，产品还未准备好就仓促上市，结果可想而知。

在语音类产品还未出现时，Talkbox是全球第一款语音IM软件，它是由6人创业团队开发的，一上市便受到许多年轻人的喜欢，同时一些大型门户网站也有了与之合作的意向，但是都被该团队拒绝了。不久市场上就出现了一系列的相似软件，小米推出了米聊，并增加了语音功能；腾讯自然不甘落后，推出了微信，且服务要比Talkbox好很多。很快，Talkbox就被人遗忘了。当谈到被人抄袭时，

Talkbox 的团队非常豁达地回答说："甘为他人做嫁衣，胸口却是很痛，以后的产品体验我们一定会把基础做好再上线。"如若 Talkbox 把基础做好，那么这 6 人创业或许后来能够一举成功，但是在关键时刻，他们却丧失了机会。Talkbox 虽然产品做得很成功，但是却缺少最关键的一环，那就是抓住机会，实现超越。在小米抛来橄榄枝时，Talkbox 没有抓住，失去了机会。可见，企业发展有长久的规划非常关键，与 Talkbox 相比，小米、腾讯做得非常好，虽然它们没有开发出这种功能，但是却将这项技术与自己的产品相结合，顺势借力，最终成就了自己。

马云非常喜欢一句话：知人者智，自知者明。同样在企业发展中也是如此，企业要认清自己的不足，学会向他人学习，学习一种借力打力，可以实现四两拨千斤的功能，这对于企业的发展来说，是一场输在起跑线，但却赢在超越的马拉松。

5. 我们不需要进行桌下交易

阿里巴巴的企业文化被业界戏称为"六脉神剑"，其内容包括：客户第一、团队合作、拥抱变化、诚信、激情、敬业。其中诚信是阿里巴巴文化中十分重要的一环，诚信是做人之本，同时也是企业发展的根基。阿里巴巴拒绝不诚信的行为，马云表示，阿里巴巴是不会和那种给回扣的公司合作的。这也表明马云在企业文化上的态度。企业发展需要的是正能量，而不是靠不正当手段谋取利益。在阿里巴巴不需要桌下交易，所有的事情都是开诚布公的。也正是如此，阿里巴巴才能够在电商这条路上越走越远。

做企业要脚踏实地，不能靠小聪明

有这样一个小故事：一条街上有两家鞋店，一家店主姓张，另一家店主姓李，镇上的人买鞋，基本都在这两家店买。这两家店离得不远，为了拉拢客人，常常会各自出招，吸引客源。有一天，李家鞋店进了一批款式新颖的鞋子，放在门口便宜出售，吸引了很多顾客前来购买，抢去了张家鞋店很多生意。张家看在眼里，急在心里。为了让顾客来自己家买鞋，张家搞了打折促销的活动，很快就挽回了一些客流。李家不甘示弱，很快也降低了价格，卖的价格比张家的还要低。两家鞋店一再降价，最后完全是赔本赚吆喝了。但两家为了击垮对方，谁也不肯退出这场价格战。因资金短缺，李家的鞋店很快就关门了。没有了对手，张家原本以为生意会火爆起来，但却更加冷清了，其实张家在价格战中也是元气大伤，因其卖了一批质量很差的鞋子给顾客，信誉受损，很快也倒闭了。两家鞋店为了谋取利益，通过低价销售压制对方，但是这种不正当的竞争方式，并没有为各自的发展带来新的转机，而是在削弱对方的竞争实力时，也极大地削弱了自己的实力，最终两败俱伤。这就说明，无论是经营者还是创业者，想通过不正当行为为自己谋取利益，都是百害无一利的。做企业是无法靠一些小聪明、小手段来获得发展的。

很多创业者认为，企业想获得发展、收获成功，关系很重要。所以在创业之初他们总是千方百计去挖掘关系，想通过人际关系为企业发展开辟一条星光大道，马云就此曾说：“这世界上最不可靠的东西就是关系。我们这些人都一样，尤其是我，没有关系，也没有钱，我是一点点起来的。我相信关系特别不可靠，做生意不能凭关系，做生意不能凭小聪明，做生意最重要的是你明白客户需要什么，实实在在地创造价值，坚持下去。再强调一下，这世界上最不可靠的东西就是关系。”

对于企业发展来说，不能靠一些所谓的关系，更不能靠要小聪明，唯有脚踏实地，才是企业健康发展之路。

诚信是企业之本

诚信，不仅是创业者经营的无价之宝，更是企业成功的秘诀。马云曾说：“我觉得一个 CEO、一个创业者最重要的也是最大的财富，就是你的诚信。”李嘉诚也曾说过：“你必须以诚待人，别人才会以诚相待。”企业发展的底线应该是诚信，失去诚信的企业就失去了消费人群，没有诚信的企业在竞争激烈的市场环境中是走不远的。马云说：“阿里巴巴讨厌那些不讲诚信的人。在阿里巴巴最困难时，我们发现‘回扣’的事很暧昧：给回扣我们公司能够活下来，不给回扣则有可能倒闭。于是，我们公司在刘庄专门开了个会，后来称之为阿里巴巴的‘遵义会议’，当时我们做出一个艰难的决定：从今天开始，公司永远不给任何人一点回扣，如果谁给了回扣，就请离开公司。这个决定很痛苦，我们发现伟大的决定都是痛苦的，但痛苦的决定却不一定伟大。”

2012年2月21日下午，阿里巴巴B2B公司宣布，为维护公司“客户第一”的价值观及诚信原则，2010年公司清理了约0.8%逾千名涉嫌欺诈的“中国供应商”客户，公司CEO卫哲、COO李旭晖因此引咎辞职，原淘宝网CEO陆兆禧接任。阿里巴巴表示，公司决不能仅仅变成一家赚钱的机器，让天下没有难做的生意才是其使命所在。马云表示：“诚信是阿里巴巴最重要的价值观之一，这包括我们员工的诚信，以及我们为小企业客户提供一个诚信和安全的网上交易平台。任何违背我们文化和价值观的行为都不能接受。”阿里巴巴的做法说明了马云对于企业诚信的重视程度。

马云清楚地知道在互联网行业没有诚信的企业是会被淘汰的。马云曾经在一次演讲中说道：“在公司的采购上，我们合同上也同样写明了合作公司不准给回扣，哪怕只是一颗糖，你也要拿回去。如果发现哪个公司这样做了，那么我们永远也不会和它合作，我们相信，我们不需要进行桌下交易，这样的伙伴也不会好。”马云秉承着这样的企业文化，带领着阿里巴巴在电商行业越走越远。

6. 一个好企业，不靠输血靠造血

马云说："我深信不疑我们的模式会赚钱，亚马逊是世界上最长的河，珠穆朗玛峰是世界上最高的山，阿里巴巴是世界上最富有的宝藏。一个好的企业靠输血是活不久的，关键是自己造血。"正如马云所说的这样，一个企业如果不进行创新、不思进取，是很难走远的，企业要想永葆活力，不能靠"输血"，要靠造血。互联网市场的不断发展和完善，以及工作模式、商务模式和商业形态的改变，都对电子商务提出了更高的要求。互联网市场从来都是一个新事物不断出现的行业，企业如果只是原地踏步，没有创新思维，那么这个企业可能如昙花一现，很难长久。

创新商业模式

下一个比尔·盖茨是谁？在 2010 年 4 月的博鳌亚洲论坛上，比尔·盖茨给出的答案是：亚洲的马云。马云之所以会得到这个荣誉，是因为他对商业模式的创新和贡献。在全球互联网市场上，以 Google 为代表的搜索模式、雅虎为代表的门户模式、eBay 为代表的 C2C 模式、亚马逊为代表的 B2C 模式等四大互联网模式，无论在资本还是业务上都获得了极大的成功。这一次，资本的聚光灯照向了人称“第五模式”的阿里巴巴 B2B 模式。阿里巴巴这种别具一格的商业模式，是一种共赢的商业模式，在给中小企业带来发展机会的同时，也给阿里巴巴带来了丰厚的利益。

管理学大师彼得·德鲁克曾经说过：“当今企业之间的竞争，不是产品之间的竞争，而是商业模式之间的竞争。”B2B 这种商业模式在美国并没有成功的案例，在当时中国大多数企业都还在效仿亚马逊的 B2C 和 eBay 的 C2C 时，马云却看到了中国市场的特殊情况，他决定建立一个 B2B 平台，为中国的中小企业搭建桥梁。这种模式让阿里巴巴的发展从一开始就顺风顺水，很快，从软银手中得到了 2000 万美金的风险投资，借助这笔风险投资，阿里巴巴通过收取商家使用信息平台的年费，获得了飞速的发展。在阿里巴巴做得很好时，马云决定进军 C2C 市场，这让当时的 CFO 蔡崇信十分震惊，当时最大的 C2C 巨头 eBay 收购了中国易趣，占据了中国 C2C 市场 80% 的市场份额，这时的阿里巴巴想介入这个市场，无异于以卵击石。但是在马云看来，阿里巴巴如果不从 B2B 介入 C2C，乃至 B2C，将来很有可能会被这些对手抄掉后路。因为这些电子商务模式看起来虽然细分了各种形态，但是在中国却属于殊途同归。如果不主动出击，很快就会停步不前。马云率先出击，希望能够“先圈地后考虑盈利”为阿里巴巴争取到市场，但是并没有成功，因为之前已经有百度和腾讯均是利用免费模式进入 C2C 模式。所以，这就决定了马云必须想出除了收取手续费之外的盈利方式，所以马云在淘宝刚一出现时，提出了“三年之内免费”的承诺。之后阿里巴巴更是不断创新，力求突破，现在已发展成为有着 B2B、

B2C、C2C、支付宝、阿里软件等组合而成的综合性电子商务生态圈。

阿里巴巴的成功具有开创性意义，它是一种商业模式上的成功，推动了中国互联网市场体系的建立，这种模式不同于以往任何一种模式，它是一种创新，而对于一个企业来说，创新意味着新鲜血液的注入，将会给企业带来活力与新的发展机会。

“造血”才能够长久

商场上充满了各种竞争，马云在面对竞争时，从来都是直面它。在电子商务领域，物流至关重要，一直以来，阿里巴巴在物流上就有先天缺陷。当卓越、当当、京东等这些电商大鳄鹊起时，阿里巴巴的这种缺陷变得更加明显，也严重影响了淘宝的销量。经过深入思考和通盘考虑后，马云决定着手改善阿里巴巴的物流体系。

2013年5月28日，马云宣布计划用3000亿打造中国智能物流骨干网——菜鸟网络平台。“中国智能骨干网”项目由阿里巴巴集团、富春集团、顺丰集团、银泰集团联合复星集团、三通一达（申通、圆通、中通、韵达）等相关机构共同组建，该项目的董事长是马云，沈国军任首席执行官。菜鸟网络的出现是因为大家都意识到了中国物流模式的滞后，想要通过菜鸟网络改善这种状况，为客户带来更好的服务。在菜鸟计划宣布之后，银泰集团的创始人沈国军谈到，中国智能骨干网不仅是电子商务的基础设施，而且将应用物联网、云计算、网络金融等新技术，为各类B2B、B2C和C2C企业提供开放的服务平台，并且会联合网上信用支付体系共同打造出中国未来商业的三大基础设施。菜鸟网络的出现无论是对电商物流还是对整个物流行业都是一次全新启程，是物流业向前迈进的一大步。

正如马云所说的这样：“一个好企业，靠输血是走不远的，关键是自己造血。”这就对企业的发展提出了更高的要求，大多数企业在取得一定的成绩后会安于现状，甚至无所作为。但是在这个竞争激烈的社会，企业要想在市场中占据市场份额，就需要不断地“造血”，那么企业又该如何“造血”？这要视企业的具体情况而定，只有企业找到适合自己的发展方向，及时精准地为自己进行造血，才能走得更远。

7. 永远不把赚钱作为首要目的

马云在一次参加活动时对创业的年轻人说：“首先是不要把赚钱作为第一目的，赚钱只是一种结果，永远不会成为一个目的。”互联网飞速发展，在民众和媒体各种急功近利的话题渲染中，创业和赚钱仿佛成了生活的唯一目标。但是马云告诉我们，除了赚钱，要做的还有很多，把赚钱作为唯一目标的企业很难走向卓越。

使命感才是主要目的

著名主持人杨澜在采访马云时问道："一开始当你决定要辞去一份收入虽然不高但很稳定的大学老师的工作，开始创办中国黄页时，是一个什么样的想法让你去做这样一件事情？" 马云坦然回答："对我来说，赚钱只是一种结果，它不是我追求的目标。因为我坚信，如果一个人脑子里就想赚钱的话，他脑子里想的是钱，眼睛里是人民币、港币，讲话全是美元，没人愿意跟你这样的人做生意。我要做更多有意义的事情！"

一次马云去纽约参加世界经济论坛，令他印象深刻的是世界500强的CEO谈论最多的就是使命感和价值观刻，所以在阿里巴巴的创业过程中，他一直强调这种使命感和价值观，并让这种使命感成为企业文化的内核。很多企业都知道怎样去赚钱，但是很少有能够影响社会的赚钱方式。在马云看来，企业发展要跟着使命感走，一个伟大的公司当然要赚钱，但是不要把赚钱作为第一目的。马云说："现在名气最大的企业是通用电气，他们100年前是做电灯泡的，他们的使命是让全世界亮起来，这让通用电气成为全球最大的电气公司。另外一家公司是迪斯尼乐园，他们的使命是让全世界的人开心起来，这样的使命使得迪斯尼拍的电影都是喜剧片。而阿里巴巴在做这个决定时，确定了我们的使命是让天下没有难做的生意。"因此，"让天下没有难做的生意"成为阿里巴巴的使命，而"倾听客户的声音，满足客户的需求"成为阿里巴巴生存和发展的根基。也正是这种根深蒂固的使命感，成就了阿里巴巴现在的商业帝国。

阿里巴巴从创立开始，就一直把生产出好的产品、为客户服务、为社会发展做出贡献作为企业的目的，也正因为这样，阿里巴巴才能够一直健康良性地运转。

企业发展需要长远目光

马云曾说："赚钱当然没有错，但赚钱不是目的。企业必须盈利，但不是说企业存在就是为了利润。就像人必须吃饭，不代表人活着就是为了吃饭。企业存在的目的是创造和维护客户利益。有了满意的客户，就会有收益和利益。客户才是真正推动企业健康、持续发展的根本因素，而不是股东或者股东的利益。"阿里巴巴一直致力于为客户提供极致的体验，在阿里巴巴的后台可以追踪到信息的反馈量，如果会员连续几个月都反馈不佳的话，阿里巴巴会主动联系该会员，帮助其调整、修改定制方针。而且，为了提高供应商的水平，阿里巴巴还专门为其提供相应的培训。在阿里巴巴为客户提供服务的同时，也为其自身带来了更多的发展机会和利润。

东方集团作为中国民营企业的佼佼者，同时也是第一批在中国A股上市的民营企业，是国内第一批成立财务公司及获得进出口贸易权的企业之一。作为东方集团掌门人的张宏伟，在企业的发展布局以及企业发展的各个方面都努力做到最好，他的布局从来不局限于眼前的一些蝇头小利，从企业的业务布局到房地产和建材流通这两个资金流强劲的领域他都是游刃有余。除此之外，张宏伟还凭借出色的才能与企业贡献成为全国政协委员。面对这样的成就，张宏伟却低调地表示："面对新经济的崛起，我们必须以全新的思维方式审视自己在企业面前的路。我希望有一天，东方集团成为中国拥有投资者最多的上市公司之一。”因为东方集团不局限于眼前的一些蝇头小利，不是怎么想着赚小钱，而是不断布局，关注企业长远发展目标，这样的胸怀也使得东方集团有了今日的成就。一个人乃至一个企业的成功不可能一蹴而就，它是创业者经过深思熟虑的布局、长远的目光及经年累月的积累，才有可能取得辉煌的成就。

赚钱是一种结果，而不是过程，更不是企业发展的目的，纯粹以赚钱为目的的企业，很难有价值沉淀，也无法形成企业的文化底蕴，这样的发展是不可持续的、不健康的发展方式。

8. 不做 15% 的大企业，而做 85% 的小企业

在中国互联网大潮风高浪急时，在许多网络公司选择为大企业服务时，马云却走向了为中小企业服务的道路。他将全球中小企业的信息汇集在一起，为中小企业的发展搭建平台，并专注于此。

最初马云打算做一个与全世界的互联网网站不同的 B2B 网站，他说：“弃鲸鱼抓虾米，放弃那 15% 的大企业，只做 85% 中小企业的生意。”他还说：“如果把企业也分为富人和穷人，那么互联网就是穷人的世界。因为大企业有自己专门的信息渠道，有巨额广告费，小企业什么都没有，他们才是最需要互联网的人。”而马云就是要为小企业服务。

弃鲸鱼抓虾米

马云认真分析了当时的互联网市场情况，他说:“在现在的经济世界，大企业是鲸鱼，大企业靠吃虾米为生。而小虾米又以吃大鲸鱼的剩餐为主，互相依赖。而互联网的世界是个性化独立的世界，小企业通过互联网组成的世界，产品更加丰富多彩，这才是互联网真正革命所在。”马云清楚地知道，如果想要达到这个目标，阿里巴巴还有很多路要走，首先需要快速覆盖全球，如果只做国内市场，那么阿里巴巴将没有未来。阿里巴巴所要做的是让所有中小企业能够免费发布信息。这时许多人对马云说:“你这不是商人的做法。”而他回答说:“我不是商人，我是企业家。”马云也在之后的企业发展中处处体现出这种社会担当。

从早些年开始做 B2B，马云就相信“听说过捕龙虾致富的，没听说过捕鲸致富的”。所以，他所做的就是把世界上的中小企业聚集在一起，中小企业就好比沙滩上的一颗颗石子，而互联网负责把它们全部粘起来，这样便可与大企业抗衡。在中国，由于中小企业供应商密集，且实力较弱，无法与大企业抗衡，它们经常被大企业所控制。阿里巴巴 B2B 模式的出现，如童话故事中用“芝麻开门”打开了一个全新的世界，为中小企业的发展带来了生机和活力，带来了不敢想象的发展。

马云说:“中国电子商务产业格局将产生巨变，一个新的互联网应用人群正在形成主流，互联网将由网民和网友时代进入网商时代。”马云的这句话预示着企业一种全新的发展模式。阿里巴巴就这样带着拯救中小企业的使命出现在大众的视线中。由于当时的互联网网站都是门户网站，阿里巴巴建立的电子商务网站，在中国开创了一个全新的电子商务模式，被国际媒体称为继 Yahoo、亚马逊、eBay 之后的第四种互联网模式。

帮助中小企业是我们的使命

在马云提出要帮助中小企业时，大多数人投来了质疑的目光，在别人看来这完全是狂言，但他用事实让每个人看到了阿里巴巴取得的成果：让中小企业在市场中迅速有了立足之地，还帮助了很多中小企业发展壮大成为大企业。马云的成功来源于他对环境和市场情况的准确把握。在当时的大环境下，马云看到了中小企业在中国的广泛存在，但是中小企业力量分散而相对薄弱，在市场中份额很少，没有地位，更没有话语权。马云希望阿里巴巴的未来能够打造出一个真正的平台，用来帮助中小企业成长。在马云心里，只有把帮助中小企业当成自己永远的使命，阿里巴巴才能真正生存下去，才能经久不衰，成为百年企业。

阿里巴巴为了能使这些中小企业走向世界，推出了“中国供应商”的服务，“中国供应商”是依托网上贸易社区，向国际上通过电子商务进行采购的客商推荐中国的出口供应商，从而帮助出口供应商获得国际订单。所提供的服务包括建立独立的“中国供应商”帐号和密码，建立英文网站，让全球 220 个国家逾 680 万专业买家在线浏览网页。这一举措受到中小企业的欢迎，在“中国供应商”推出 8 年之际，马云决定对中国供应商进行升级。例如，企业可以制作个性化的商务网站来吸引购买者的眼球；也可以通过阿里巴巴精心匹配的专业卖家名录，主动出击寻找买家；也可以无限量进行产品图片的上传，使企业的产品得到全面的展示。通过“中国供应商”服务，大多数企业可以得到发展。一项统计数字表明，有家公司40%的客户来自“中国供应商”平台，这说明阿里巴巴通过“中国供应商”给中小企业带来了新的发展机遇，同时也使阿里巴巴得到了发展。

阿里巴巴最初的定位就是帮助中小企业，并坚持不移地把这一信条当做自己的使命，正是秉持这种使命感和对社会的担当，使阿里巴巴在竞争激烈的市场环境中，逐渐发展成为电子商务行业的龙头老大。

NO.6

用胆识，赢财富：

马云谈资本的市场

1. 永远要在你最好时去找钱

一个创业者问马云："企业在什么时候融资最为适合？"马云回答道："不要从创业的第一天起就想着融资，在没有盈利之前也不要去想，绝大部分企业在没有盈利之前融资是不正常的。做企业首先想到的是没有融资我也能盈利，等你盈利了，想扩大盈利时，那时就会有人想要投钱了。没有盈利时，想说服别人投资，投资人多半会说：等你盈利了再说吧。对那些今天盈利情况很好的企业，你们要记住，你一定要在你很赚钱时去融资，要在阳光灿烂的日子修理屋顶，而不是等到需要钱时去融资，那你就麻烦了。所以，在你不需要钱时去融资，这就是融资的最佳时间。"

在为与不为之间选择资本

对于创业初期的企业来说，是没有资格选择资本的，作为被选择的一方，处在被动的地位，只能任人宰割。所以马云表示，要在你最需要资本时去融资，在你很赚钱时去融资，只有这样，企业才能掌握控制权，才能在企业的发展中占据主动地位。

阿里巴巴成立没多久，因其发展势头良好，在杭州马云家中办公的工作人员经常会接到投资者的电话，每一个电话都代表一个机会，都是能解决阿里巴巴资金困难的贵人，但是在实际谈判中，马云至少拒绝了38家投资商。这些投资者们的投资风格太中国化了，他们对马云和阿里巴巴的经营模式并不了解。马云之所以拒绝这些投资，是因为他清楚地知道，找投资的根本目的是要对企业的发展负责。马云坚持要为阿里巴巴找到最有利于阿里巴巴发展的投资商。当时，新浪获得了1600万美元的投资，搜狐先后获得了600万美元和3000多万美元。在这么火热的投资面前，马云依旧不紧不慢地在寻找最适合自己的融资。当时高盛公司香港区投资经理曾与蔡崇信（时任阿里巴巴CFO、首席财务官）有过一面之缘，两人在飞机上相识，由于专业的关系，一直保持联系。在一次无意之中，蔡崇信得知高盛基金看中了中国的互联网，但高盛感兴趣的是传统行业，要想得到这笔投资，阿里巴巴需要付出更大的努力。在蔡崇信的引荐之下，高盛派人对阿里巴巴进行了实地考察，对阿里巴巴表示很满意。之后，以高盛为主的一批投资资金向阿里巴巴投资了500万美金，成为阿里巴巴首轮“天使基金”。“在你最好时去找钱”，这是马云的投资智慧。马云清楚地知道被他人控股的后果，所以在融资上他一直非常谨慎。也正是因为创业初期的这种谨慎，阿里巴巴形成了一种“做到最好”的企业文化。

企业融资的选择

一些企业在创业初期总是急于求成，没有脚踏实地的作风，脚跟还没有站稳，就想着扩大业务，这样对企业的发展百害而无一利。企业只有步步稳妥，才能发展得更为健康。

京东是中国最大的综合网络零售商，无论是在访问量、点击量、销售量以及产品影响力上均在国内B2B网购平台上首屈一指。从零售做起的刘强东，深信规模效益。在很长一段时间里，他用亏本来换取更多的品类、更快的物流以及更大的规模。从成立以来，京东均以远超于行业平均增速的水平高速发展。尤其是在2007年到2010年，京东每年的销售额都是上一年的3倍。这个数字是对“京东速度”最好的诠释。超高速的发展扩张需要强大的资金支持。随着京东业务的不断扩大，其影响力也在不断增加，广阔的发展前景使投资者蜂拥而至。京东曾经获得了今日资本、雄牛资本以及亚洲著名投资银行家梁伯韬先生的私人公司共计2100万美元的联合注资，这笔资金的70%被用于完善京东的物流业；之后京东又获得老虎环球基金领投1.5亿美元的第三轮投资，这笔资金的50%用于仓储、配送、售后等服务能力的提高。京东经过多次融资，再加上自身企业的发展运营，最终成为中国最大的综合网络零售商。由此可见，企业融资对于企业发展来说，具有战略性的作用。在现当代社会中，企业融资已成为企业发展重要的一部分，融资不仅能给企业带来资本，更会为企业的腾飞装上翅膀，促进企业的发展。但是，在企业面对融资选择时，要从自身的发展需要出发，选择适合企业发展的资本，否则会本末倒置，严重阻碍企业的健康发展。

选择合理的融资方式，使各种资金来源和资本配比保持合理的比例，既是企业提升核心竞争力、提高经营绩效的必要条件，也是企业财务战略管理的核心。对于不同行业、不同发展阶段的企业来说，所采取的融资方式也是不同的，这需要企业管理者认真选择适合自己的资本，同时一定要在发展最好时去找钱，让自己对企业有掌控力。

2. 找风投时，必须和风投共担风险

马云曾在《赢在中国》中针对一位选手的情况这样说道："要找风险投资的时候，必须跟风险投资共担风险，你拿到的可能性会更大。"这位选手的情况是：高学历、高工资，面对自己想要做的生物高科技行业，不愿意用自己的钱来创业。这样的创业者，该如何让投资者相信你呢？风险投资并不是投资风险，只有当你和风险投资共担风险时，才能有更大的胜算，同样也能够给企业带来更多的融资，解决企业发展面临的资金问题，更加有利于企业的健康发展。

风险投资在今天已是一个常见的概念。广义的风险投资泛指一切具有高风险、高潜在收益的投资；狭义的风险投资是指以高新技术为基础，生产与经营技术密集型产品的投资。风险投资是一种利益共享、风险共担的投资方式。

共担风险

马云和孙正义的初次见面十分具有戏剧性。当时的阿里巴巴名不见经传，一天马云接到摩根士丹利亚洲公司投资分析师古塔的

电话。古塔向马云详细询问了阿里巴巴的一些情况，没想到在几个星期后，马云收到了一封电子邮件，让他去一座大厦里和一位投资人谈谈。也正是这次机会，让马云结识了孙正义。当天，来找孙正义的人都是谈投资的，轮到马云时，他短短几分钟的演讲被孙正义打断，孙正义以为马云是来谈投资的，表示愿意投资他的公司，但是这对此不知情的马云是迷糊的。孙正义问道："你不是来谈投资的那你是做什么的？"马云回答说："不是我要来找你，是别人叫我来见你。"马云这种不为钱财而折腰的性格反倒引起了孙正义的关注。

不久，孙正义请马云去日本与他进行进一步的详谈，在这次谈判中，马云提出了三个条件：一是阿里巴巴不接受联合投资，只接受软银一家的投资；二是软银作为股东，在公司的运营和运作上要以阿里巴巴的长远发展为中心，不能过分追求短期的收益回报；三是由孙正义担任阿里巴巴的董事。也正是这次日本之行，使得双方达成协议。最终软银投入 3000 万美金，占 30% 的股份，同时在日本和韩国建立合资企业，帮助阿里巴巴扩展国际市场。马云回到杭州后，向董事会宣布了软银投资阿里巴巴的计划，但是董事会认为软银占 30% 的股份过多，会导致公司股东结构的不协调，极有可能会给阿里巴巴的发展埋下隐患。经过周密的考虑后，马云开始后悔了："我要那么多钱干什么呢？这真是太愚蠢了。"马云想清楚后，立即给孙正义的助手打电话明确表示不需要那么多钱，只要 2000 万美元，这让孙正义的助手非常惊讶，哪有嫌钱多的。马云当时回答说："是的，我在赌博，但我只赌自己有把握的事。尽管我以前控制的团队不超过60人，掌握的钱最多只有2000万美元，但过多的钱我管得了，钱就失去了价值，对企业是不利的，所以我不得不反悔……”由于马云与孙正义的助手意见不统一，最后马云给孙正义写了一封信，信中说道：“……希望能与孙正义先生牵手共同闯荡互联网……如果没有缘分合作，那么还会是很好的朋友。”之后孙正义立即给出了回复：“谢谢您给了我一个商业机会，我们一定会使阿里巴巴扬名世界的。”最终软银以2000万美元的投资，降低所占股份比例，为这件事划上了圆满的句号。

马云面对巨大的融资，并没有被金钱冲昏头脑，因为他清楚地知道：“找风险投资时，必须和风险投资共担风险。”所以，创业者在找融资时要时刻保持理性。

正确看待风投

2007年2月5日，《商业周刊》发表分析文章称，2006年美国风险投资领域呈现出三大新趋势：风险投资规模越来越大、投资目标开始转向成熟公司以及美国之外的市场。在中国今后十年被认为是中国风险投资“由弱到强”、飞速发展的“黄金十年”，需要以长远眼光和全球视野来正视中国风险投资事业所面临的发展机遇。对于中国的中小企业来说，风险投资无疑是其发展的一次重大的转折点。

俞渝和李国庆凭借自身的优势创办了当当网，俞渝对互联网了解很少，但她的海外经历，使她知道想要获得风险投资，就要让他们了解自己的商业模式，而最好的方式就是模仿华尔街得到资本市场承认的模式，于是当当网诞生了。为了获得风险投资，当当网在创意和其他方面都参照亚马逊。于是，当当网得到了 IDG、卢森堡建桥集团、软银和北京科文经贸总公司的共同投资。投资不仅仅给当当网带来了继续走下去的资金，还带来了一些海外资源。俞渝知道风投对于企业发展的意义，当当网的模式正是投资者认可的模式，俞渝需要资金实现自己的创业梦想，也正是因为她对待风投的正确态度，当当网才得以健康发展至今。

对于很多刚开始创业的人来说，是非常需要资金的，获得一笔丰厚的投资或者得到投资者的青睐，是很多刚开始创业的人梦寐以求的事情。但是，创业者要正确理性地看待风投，在得到风险投资后，要合理使用风险投资，唯有这样，才能为企业谋求更长远的发展。

3. 我们需要的是策略投资者

也许每个企业发展到一定阶段，都需要投资者，但是面对投资者时，创业者应该有所选择，正如马云所说："不光是资本在挑选目标企业，作为企业也要有自己的取舍。对那些不能与公司战略兼容的资金，我们一般不接受。而和聪明人在一起，你不用说什么废话，他就能听懂你的业务模式。"马云希望风险投资者是作为一个策略投资者进入阿里巴巴的，而不仅仅是简单的投资者。

不要受资本意识控制

马云在接受《南方都市报》专访时说道："没有领导能力的人才会说'资本力量是无穷的'，实际上资本永远是听你的。资本家要投资几十家公司，而我除了睡觉，天天在想如何管理公司，我一定比资本家懂。所以在把钱交给企业之后，资本家会被真正的企业家'绑架'。我觉得今天不是王志东的时代了，今天能活下来的企业都有自己的自信和独到的想法。我觉得阿里巴巴面临的问题是谁在经营这家公司，这是最核心的。"对于企业来说，投资者是企业发展资金的提供者，但是同时企业也将面临严峻的考验，那就是自己和投资者谁是主宰者？马云通过阿里巴巴的原则告诉我们"不允许任何人控股"。

马云在早期创办中国黄页时，带着《中国黄页》到北京寻找更大的市场，但是由于在北京扩大市场太困难，马云又选择回到了杭州。《中国黄页》在杭州最大的竞争对手是杭州电信。杭州电信资金雄厚，而仅 2 万元注册资金的中国黄页明显处于劣势。当时的杭州电信为了分割中国黄页的市场，做了一个和中国黄页相似的网站对其打压，这让中国黄页的处境更加艰难。为了挽救这种局面，马云打算拉拢靠山，增加中国黄页的市场占有率，最终他选择与杭州电信合作，随着合作的不断展开，马云和杭州电信的许多意见都不相同，导致双方在合作的过程中出现了分歧，但是由于杭州电信占 70% 的股份，中国黄页仅有 30% 的股份，马云几乎没有什么话语权。最终，马云和杭州电信分道扬镳。

正是这次经历，让马云确立了“不要受资本控制”这一理念。之后，在阿里巴巴成立及快速发展时期，马云也一再强调不许任何人控制阿里巴巴，他自己不控股，同样也不要别人控股，他清楚地知道当一个企业失去决定权时，就离瘫痪不远了。马云曾说：“几乎所有民营企业都吃过一次亏，就是想方设法去控股。我没有控股董事会。我成立阿里巴巴的时候，就跟董事会投资者讲，阿里巴巴的董事会是一个工作的董事会，不是分享权利的董事会。CEO 要凭自己的智慧、勇气、胆略去领导这个公司。”一旦企业听命于资本的意志，管理者就失去了控制权，在决策上就会很被动，这时的企业可能会偏离原来的发展方向而走上歧途。所以作为一位合格的管理者，要做到不让投资者控制企业，企业才会有更好的发展。

策略投资

关于投资，马云这样说道：“我们需要的不是风险投资，不是赌徒，而是策略投资者，他们应该对我有长远的信心，20 年、30 年都不会卖的。两三年后就想套现获利的，那是投机者，我是不敢拿这种钱的。”而马云面对投资，更是精准独特，他所走的每一步都是企业发展关键性的一步。

在互联网蓬勃发展时，新浪却因急需资金而步入困境。阿里巴巴入股微博是其重要的策略投资，对新浪来说，这无异于雪中送炭。阿里的淘宝和天猫已占据了无可动摇的领先优势，其市场占有率与营收规模都远远超过竞争对手，但淘宝原本封闭的流量链，却因为社交元素的缺失，曾遭到美丽说和蘑菇街等社交导购网站的冲击。

阿里并不缺少流量变现功能，它们需要的是更有效的流量入口。世界知名市场调研公司 Hitwise 的数据显示：微博对外输出流量中，有 8.6% 流向了电商及本地生活网站，而阿里旗下的淘宝与天猫就占据了 3.7 个百分点。投资新浪微博，给阿里的移动布局带来了最为急需的社交基因和流量入口。腾讯依靠微信、手机 QQ、QQ 浏览器、QQ 通讯录等用户带来了上亿的应用，在移动领域已经率先完成布局。而阿里巴巴在这方面还有所欠缺，投资微博正好弥补了阿里巴巴在社交网络上的欠缺。从 UC 浏览器、陌陌科技、唱吧、快的打车，再到新浪微博，阿里巴巴这一系列的收购与投资，迅速完成了移动互联网的入口布局，给其带来了全新的发展。由此可见阿里巴巴在投资上的“精、准、狠”，为其长远发展做出全面的布局。

在马云看来，有两类投资者是自己不能够接受的：一种是“管的太严”，你稍微一点动作投资者就十分担心，这会影响企业的正确决策，错过机遇；另一种是“什么都不管”的投资者，这样的投资者仅仅是为了获取利益，把企业的发展置身事外，根本就不关心企业的发展与未来。这两种投资者虽然会给企业带来资本，但也会给企业带来灾难，因而必须同样重视。

对于企业家来说需要的不是那些目光短浅、单纯追求眼前利益的小投资者，而是目光长远、追求长久利益的策略投资者。只有策略投资者才能为企业的发展注入新鲜的血液。

4. 每花一分钱，都要认真考虑

对于资金企业该如何正确使用？有人认为，创业的时候要舍得花钱。什么才叫舍得花钱？其实就是要把每一分钱都花在刀刃上。企业正是在每一分钱都要考虑的过程中成长起来的，所以认真考虑每一笔资金的使用是一种优秀的企业文化。

节约资本

无论是在社会生活中还是在企业的发展过程中，都要从小做起，从细节出发，正如老子所说："合抱之木，生于毫末。九层之台，起于累土。"创业的过程充满了无数的挫折和挑战，资金紧缺几乎是每个阶段都要遇到的问题。创业者更应该知道每一分钱的可贵，每花一分钱都要认真考虑。

马云在最初创立中国黄页时，仅以2万元的资金注册企业，之后就陷入了资金匮乏的难题，面对这样的企业发展前景，马云坚持了下来。马云回忆当时的生活时说："只租一间房间当办公室，只用一台电脑，一块钱一块钱地数着花。付完房租只剩下三四千块钱。买办公用品的钱都没有，只好把家里的家具搬到办公室里去用。"在阿里巴巴成立初期，马云面临同样的难题。当时阿里巴巴的员工工资只有500元，为了节约交通费，员工就围绕着马云的住所租房子。实在拿不出钱时，马云只好跟员工借钱，然后再给他们发工资。创业初期的切身体会让马云深刻地认识到资金在企业发展中的重要性，尤其在创业初期，步履艰难，必须把每一分钱都用在刀刃上。马云用自己的切身经验告诉我们：只有当你尊重金钱时，金钱才会尊重你，甚至给企业的发展带来机遇。所以，无论是对于创业者还是企业家来说，节约资本都是一件至关重要的事情。

马云说："我们今天花的钱都是投资者的，如果有一天花自己钱的时候，可以大胆地花，所以这两年，我们应该以小气而骄傲。"作为一个企业经营者，无论什么时候都要学会精打细算，认真盘算每一笔资金，这样才能降低企业成本，增加企业盈利。只有企业精打细算，才能细水长流，实现长远发展的目标。

万丈高楼平地起

凡事从小做起，这个道理我们从小就懂。从小事做起，从零开始，这个真理被无数个成功人士用事实证明过。对于企业的发展也是如此，从小做起，注重细节。同样在资金运营方面，注重每一分钱，做好资金的管理，这对于企业的发展是十分有必要的。

通钢集团是吉林省最大的钢铁联合企业，并且是国务院振兴东北老工业基地重点支持的企业。而通钢集团之所以会有这样的成就，与其企业精神分不开。通钢集团是一个严格要求自己的企业，曾有记者跟随自动化控制处仪表维护组的员工来到混合煤气加压站巡检仪表，在运用仪表记录纸时，记者注意到一个细节，为做好记录，本该很好撕扯的记录纸，员工却紧贴在记录数据的边缘反复折叠后用极慢的速度一点点撕下。中午回到休息室，记者发现打印机在打印表格时，电脑却是黑屏的，经过了解才知道原来打印这些表格需要一个小时，开着显示器太浪费电。记者还发现他们的打印纸竟然是废旧文件的背面。节省一张记录纸、一支记录笔尖、一度电……这样大的企业，如此认真对待每一分钱，这在许多人看来有些不可思议，但是对于通钢集团的员工来说，这是一种习惯和企业文化，也正是通钢集团长久发展的原因之一。

任何大企业都是由小企业发展起来的，在还是小企业的时候，就应该做好细节，我们常说“细节决定成败”，所以创业者要重视企业发展中的每一个小细节，只有这样，企业才会取得长远发展。

5. 投资者都是跟着优秀的企业家走的

阿里巴巴在香港上市时，有记者问马云：“阿里巴巴的管理团队不是公司最大的股东，所以会有一种疑问，在上市之后，资本的意愿会在公司发展路径上产生多大的影响？”马云回答道：“我们不会因为市场压力改变策略，还是会一如既往地进行中国电子商务的生态建设……我们希望传递给所有创业者一个声音，投资者是跟着优秀的企业家走，不能是创业者跟投资者走。”

由此可见，马云在处理企业家和投资者的关系上，认为应该把企业发展交到企业家手中，因为企业家在企业的发展问题上最有发言权。

吸引全世界的投资者

搜狐总裁张朝阳曾在一次采访中，说出了第一代互联网公司的无奈：“第一代互联网公司的优点，就是特别早，在别人都不知道的情况下你跳出来了，你的品牌会被人记住，先入为主。缺点是我们当时融资的时候，没有人要投互联网，谁都对互联网不感兴趣。说俗点儿，给奶便是娘，什么人给你扔点钱都了不起了，我们当时融资特别难，但是给我们资金的人，根本不懂互联网，整天瞎指挥。股东这边也都是门外汉，而且还以为自己特懂。所以第一代互联网人比较痛苦，当时都不知道该怎么做了。”在企业的发展中，企业家和投资者之间的“亲密关系”一直都是企业发展必须面对和处理的问题，而该如何处理企业家和投资者的问题呢？马云用事实表达了自己的看法。

马云在谈到为什么阿里巴巴不早点上市时说：“就在几年前，我们也不想上市，但现在我们认为是一个很好的时机。抓住很好的时机上市，对整个中国电子商务或者中国互联网市场都能产生比较大的影响，或者很好的提升。在香港，或在美国上市区别很大，我们认为，香港能成为世界级的交易场所，中国工商银行在香港上市就能体现香港资本市场的融资能力。阿里巴巴上市吸引了很多欧美的大型基金。在香港上市对阿里巴巴而言意义重大，因为我们能为香港联交所贡献我们的价值。”几年前，阿里巴巴进行第四次融资，软银投资给它 8200 万美元时，大家都认为这一次阿里巴巴要上市了，结果马云没有这样做。其实马云并不是不想上市，只是当时考虑到企业的长远发展，并且阿里巴巴还没有达到预期的目标，如果只是为了迎合市场的需要，那么阿里巴巴并不能长远地发展下去。直到后来阿里巴巴的市场占有率越来越大，马云觉得阿里巴巴已经具备上市的条件，才开始准备上市事宜。在阿里巴巴上市的当天，福布斯网站评论道：“正如其名，阿里巴巴是一个充满惊奇的传说。这个中国最大的 B2B 网站的股价在香港上市首个交易日的 3 个小时内即飙升了 165%。”

马云说：“永远不要让资本说话，要让资本赚钱。让资本说话的企业家不会有出息，企业家要做的是让资本赚钱，让股东赚钱。如果有一天你拿到很多钱，你坚持今天的原则，做你认为可以赚钱的事，我相信有一天资本一定会听你的。”马云的创业就是这样的，他坚信好的公司可以吸引全世界的投资者，只有先把公司做好，才能吸引投资者，所以在所有人都认为阿里巴巴应该上市时，马云并没有因一时的成就沾沾自喜，而是沉淀下来，寻找恰当的时机再上市。

放下资本企业才能走得更远

很多创业者在创业初期，由于资金问题经常在管理问题上做出让步，殊不知这样做会严重影响企业的健康发展。对于创业企业来说，资金可以带来转机，也会为企业未来的发展埋下定时炸弹。投资者在意的是企业能够带来多少盈利，只注重眼前利益的方式，对于企业的长久发展是非常不利的，所以这就要求企业在发展过程中的任何阶段，都要掌握主动权，这样企业才能够走得更远。

阿里巴巴为什么没有选择融资途径中最具有吸引力的 IPO，而是选择了私募？马云表示，比之于公开招股，私募的好处是可以专心布局，不必为了一时的利润诉求而追求短期利益。私募会稀释股东的股份，削弱其控制权，这更有利于企业管理者对阿里巴巴进行控局，如果投资者控股太多，就会影响企业的健康发展。投资者肯定没有企业管理者的眼光长远，所以宁愿资金少一点，也要减少投资者对企业管理的干预。这不仅仅是对阿里巴巴负责，更是对投资者负责。所以在阿里巴巴的第四次融资中，马云只要了 8200 万美元。马云之后解释说："这是平衡的结果，投资者和我们都做了妥协。"双方的相互妥协，需要的是投资者和管理者双方的相互配合和默契，与阿里巴巴合作多年的软银，深知马云在管理上的才能，所以孙正义十分放心把资金放到马云的手中，而马云用这些资本给软银带来了更多的利润。

放下资本，企业才能走得更远。马云不会被资本所困，他甚至会在关键时刻舍弃资本，另谋他路。因为有时候舍弃是一种得到，当然这需要企业管理者要有长远的目标和眼光。企业家在企业管理上是最有发言权的，投资者应该跟着优秀的企业家走。

6. 上市只是一个加油站

大多数的创业者都认为企业只有在上市后，才能在激烈的市场环境中占有一席之地。但是在马云看来，上市只是企业发展的一种手段，其主要目的依旧是为了企业能够长远地发展。阿里巴巴不是没有想过要上市，也不是不上市，只是马云一直在寻找一个合适的时机。在马云看来，上市只是一个企业加油的过程，而不是企业发展的最终目的。

在阿里巴巴上市后，马云说："上市对阿里巴巴来说是一个里程碑，上市的时机选择得很正确。我们的 B2B 公司已经有了比较稳固的基础，市场环境也比较好，公司管理也很强，阿里巴巴在香港的成功上市证明，内地的企业也可以在香港获得投资者的青睐和高水平的估值。"

上市只是开始

中航三鑫董事长秘书石志在接受《中国证券报》记者采访时说："上市使得中小企业能够实现资本的以小搏大，利用上市资源可以调动其他资源。上市还加速中小企业形成品牌效应，提升市场形象和竞争力，上市公司会日渐成为媒体报道关注的对象，上市公司的公告和新闻会通过各类媒体迅速传播，无形之中提高了企业的知名度。”很多人认为，企业只有上市了，才能受到更多的关注，才能够获得更大的利润。但事实并非如此，企业上市后，面对的其实是更加激烈的市场竞争和更大的挑战。

阿里巴巴在香港上市可谓千呼万唤，当时搜狐、新浪、网易等公司都已经上市了，唯独阿里巴巴还丝毫没有动静，阿里巴巴迟迟不上市，让一些圈内人都以为阿里巴巴在企业运营方面出现了问题，马云说：“美国纳斯达克和纽约证交所都找过我，希望我们上市，但是我们的公司才创办了5年，员工们都还年轻，平均年龄才26岁，要走的路还很长。我们要打造一家具有百年生命力的公司，现在就匆忙地上市，长远来看对公司并不好。这些才二十几岁的年轻人如果一下子都成为富翁，有可能会产生惰性，不再创新求异，故步自封。当我们的员工有了成为上市公司员工的心理准备，能够出现在全世界的聚光灯下迎接挑战，并清楚自己为什么要上市的时候，我们才考虑上市。”但是这件事情的热度并没有降下来，人们依旧十分关心阿里巴巴上市的问题，马云之后再次关于上市问题做出回应：“上市是个自然过程，阿里巴巴不要为了钱而上市，不能为上市而上市。融资是很容易的事情，如果需要的话我们还可以融更多的资金，但是创办一家大的公司真的比上市更为重要。比如，很多上市企业今天为了迎合华尔街的需要，每一个季度都得为下一个季度活着，但是由于考虑到投资者，今天对于阿里巴巴来说，我不需要为3个月或者6个月活着。我们做我们认为对的事情，我只要说服5个投资者就可以，而不是说服华尔街的5000个人。”

在马云看来，上市只是一个过程，并不是企业发展的最终目的。企业在上市时要认真考虑，是不是具备足够的能力面对企业上市所要面对的艰难，企业上市之后的竞争将会更加激烈。所以企业需要提前做好准备，这样的企业才能经久不衰。阿里巴巴的成功上市，给其带来的不仅是资金的充足，还有企业的品牌效应。同时阿里巴巴走出的这条独特的商业模式之路，也让其成为 B2B 领域的龙头老大。

目标放在更远处

“对阿里巴巴来说，今天还是刚刚开始，几年前我们说过，上市只是‘加油站’，上市的目的是为了加油之后能够走得更远。我们希望能够成为持续发展 100 年的企业。”面对阿里巴巴的成功上市，马云这样说。马云没有失去理智的判断力，他所走的每一步都是为了阿里巴巴的全球计划。马云在阿里巴巴上市前提前布局，为阿里巴巴在上市之后的长远发展打下了坚实的基础。

在 10 年前，当马云拿着 5 万元人民币的创业基金开发阿里巴巴网站时，他就立志要做“中国电子商务第一”。而现在的阿里巴巴不仅是“电子商务第一”，还是全球最大的电子商务综合性服务平台。马云从来不打无准备之战，他所走的每一步都经过周密的考虑，每一步都是为了能够让阿里巴巴走得更远。阿里巴巴在上市后，取得了阶段性的突破，面对电子商务的迅猛增长和市场需求，超过一半的淘宝店主有想要进军国外市场的意向，这也决定了接下来阿里巴巴的发展方向就是建立国际站点，实施进口贸易。马云曾宣称：“要把阿里巴巴的金融体系放在上海，把市场体系放在浙江，将物流体系放在广东。”马云看到了深圳良好的市场环境，很快就在深圳黄龙体育馆与深圳市政府签署了战略合作协议。根据该协议，阿里巴巴在深圳设立国际运营总部，用以推动阿里巴巴 B2B、淘宝网等公司在港、澳、台及东南亚的业务发展，为阿里巴巴的全球战略奠定了基础。

企业发展是一个长远的过程，不应该只顾眼前利益，而应有长远的考虑，这样才能引领市场。正如马云所说的那样：“上市只是一个‘加油站’，上市的目的是为了加油之后能够走得更远。”

7. 上当不是别人太狡猾，而是你太贪

清科集团的创始人、董事长兼 CEO 倪正东说：“作为创业者，不要太贪婪，看看我们过去 10 年帮助的 100 多家公司，很多企业曾经非常成功，但是后来因为它们融资的时候挑最贵、出价最高的，但他们的要求也很高，导致大家谈得很不愉快，最后这些公司的小兄弟都已经上市了，而当年排名第一的公司现在还没有上市，还在挑战。所以说贪婪是魔鬼。”

倪正东的这番话与马云的观点不谋而合，马云认为：“你为什么会上当？不是别人太狡猾，而是自己太贪，才上当的。”一句话说出

了创业初期企业需要处理的一个问题，那就是要处理好诱惑和本心的关系。创业者应该有自己的底线，绝对不能逾越雷池。

诚信才是企业长远发展的资本

在《赢在中国》的一场比赛中，根据比赛前制定的规则，这场比赛的结果是通过网络票选的最终结果决定的。根据票选结果显示，赵继爽为第一，董冰、李文分别为第二、第三。这就决定了赵继爽和董冰不用再次参加演讲，可以直接获得晋级 12 强的资格。就在大家以为结果就这样顺理成章地决定了时，排名第三名的李文突然站了出来，向《赢在中国》节目组反映了一些令人难以相信的真实情况，即在投票的过程中，赵继爽和董冰，甚至李文自己都有一些背后黑幕。节目组在经过一番调查之后，也证明了事件的真实性。

在大家等着董冰的解释时，他却不以为然，不仅没有一丝愧疚，反而无所谓地认为这是一个很现实的话题，他认为很多人都这样做过，并且把这种行为归为各个行业中必须存在的潜规则。马云说："董冰，你们犯了一个所有创业者都会犯的错误，也没什么大不了的。商业社会其实是个很复杂的社会，我觉得只有一样东西是自己能够把握的，那就是诚信。因为诚信，所以简单。而且你之所以愿意出卖诚信，是因为你心里有欲望在作怪，这才是根本。"马云还讲了自己在最初创业时的一些小故事。他在大学创业时，经常会被别人骗，每次他们都会给马云讲好听的故事，一个宏伟的蓝图，而他每次都会落入骗子的陷阱之中。现在的马云，已是电子商务的成功人士，但是那些骗他的人却不知所踪，所以他说："欺骗别人不会有什么好的结果，因为路遥知马力，日久见人心。”经过这件事情后，马云明白了自己要扛得住诱惑，不管别人向你描绘的蓝图有多美好，都不能够轻易相信，要站稳脚跟，不能由自己的贪婪肆意滋长。

有人说，作为一个企业家，和商人、生意人有着本质的区别。生意人比较浅薄，他们唯利是图，有钱就赚；商人有所为，有所不为，但也是只做对自己有利的事情；企业家不同，他必须承担起社会责任，勇敢地去创造价值来弥补社会的不足。但是无论是企业家、商人还是生意人，想要做得优秀，那就要学会经得住诱惑，把握住诚信。诚信是做人的根本、企业的基础，但是最简单的往往也是最难的，所以对于创业者来说，做到诚信，企业才能够走得更远。

在这个竞争激烈的社会中，在商业模式的包装下，市场竞争很难做到透明化。但仍有经久不衰的企业，能在这个“落花渐欲迷人眼”的市场环境中坚守自我。

要经得住诱惑

商业巨富李嘉诚曾说：“人的价值，在遭受诱惑的一瞬间就被决定。一根香喷喷的骨头将黄狗黑狗刚刚建立起的友谊瞬间融化，这不正是因为经不起诱惑的考验，只顾眼前的食物和利益，轻易地结束友谊的明证吗？人亦如此，要想成就非凡人生，就要时刻拒绝物欲的诱惑。”山东东阿阿胶股份有限公司董事长刘维志说：“做企业说起来很复杂，其实也很简单。做企业就像做人一样，做人要勤奋踏实，做企业也是一样。”东阿阿胶作为阿胶行业最杰出的代表，视质量为生命，走出了一条以质取胜、以质取强的内涵式发展之路。

2013 年 10 月 6 日，东北某市一主要领导来到山东东阿阿胶股份有限公司，洽谈中提出了一个“诱人”的合作建议：东阿阿胶不用付出资金、原料、人力等成本，只要允许当地贴牌生产阿胶，凭自身品牌效应每年就能拿到数百万元甚至更多的利润分成，可以说是无本万利。但令人意外的是，东阿人婉言谢绝了这一合作。这已经不是东阿人第一次拒绝巨大的诱惑。“我们不能只为增加利润把牌子砸在自己手里。”公司总裁秦玉峰如是说。东阿阿胶拒绝“合作”诱惑，坚持百年品质，是因为阿胶对原料要求极高，作为阿胶生产原料的驴皮，市场供应有限，更不用说采自东阿的优质地下水了。一旦追求通过并购或贴牌扩大生产规模，原材料以次充好就难以避免，必然影响到产品品质和公司品牌。正是因为这种坚守，让东阿阿胶成为世界闻名的企业。

无论是在创业的过程中，还是在我们的人生路上，经得住诱惑是对每一个人的自我要求。贪婪给企业带来的只有无尽的灾难，要把企业的发展目光集中在专注做一件事情上，脚踏实地企业才能够走到最后。

8. 忘掉 money，忘掉赚钱

企业存在的根本目的是为了盈利，但是企业存在不仅仅是为了盈利。作为企业管理者，如果能够把赚钱看得轻一点，知道有舍有得，舍弃一些，可能会得到更多。这就需要企业树立正确的资本观念。

马云说："忘掉 money，忘掉赚钱，不要理会外界关于你们'能不能赚钱'的指责。"企业发展有时候就需要一些特立独行，忘掉赚钱是一种独特的价值观，不贪图眼前的蝇头小利，要用长远的眼光看待企业的发展。

别人赚钱了，自己当然就赚钱了

俞敏洪在一次演讲中曾说："比如说现在你有 6 个苹果，你有两个选择：第一，你一口把它们全部吃掉；第二，你可以自己吃 1 个，给别人分 5 个。表面上你丢了 5 个苹果，实际上你一点也没丢，因为你获得了 5 个人的友谊。当你有困难的时候，他们就很愿意来帮助你。我吃了你 1 个苹果，当我有橘子的时候，无论如何我要分你 1 个橘子。你用这种方式收集了另外的 5 种水果。"在企业中，企业管理者要学会分享，只有分享金钱，企业才能够得到更多的金钱。

别人赚到了钱，你也就自然有钱了。

马云创办的阿里巴巴就是这样一个帮别人赚钱的企业，阿里巴巴为中小企业搭建桥梁，使其摆脱了在大企业的影响下发展缓慢、盈利小的阴影，同时也使阿里巴巴的会员不断增加。随着中国入世成功，马云推出了“中国供应商”的服务以及“阿里巴巴推荐采购商”服务，并与通用电气、Sobond、沃尔玛以及Markant等合作，进行互联网跨国采购。在中小企业走出国门、直接与国外企业合作的同时，阿里巴巴也在不断地壮大，阿里巴巴在中国市场的占有率超过了50%，其注册人数以每天几千万的速度在增长。阿里巴巴在香港上市的“满月酒会”上牛根生评价马云说：“马云财散人聚的能力不比我老牛差，我是阿里巴巴薪酬委员会的主席，我发现马云大手笔分钱的能力非常强。这就是他的分享能力，所以财散就能人聚。”马云就是这样一个不看重金钱的人，在他看来，金钱都是身外之物，所以散财能力也是他能吸引优秀人才为他工作的一个原因。阿里巴巴在香港上市的当天，其市值已经超过200亿美元，马云当日的收盘身家也达到了140亿港元。最让人不可思议的是，阿里巴巴内部员工也普遍实现了“一夜暴富”，身家超过百万千万的大有人在。阿里巴巴之所以能获得这么大的成功，与其每一个员工的努力是分不开的。阿里巴巴的上市，被大家称为中国互联网史上顶级的集体“造富”运动。

马云在帮助中小企业和阿里巴巴的员工赚钱的同时，也给阿里巴巴带来了资本、人才、技术等用金钱换不来的资源。创业者不唯利是图，不以金钱为唯一目的，才能走得更长更远。

创造价值比赚钱更重要

马云说:“如果要说创造价值和赚钱哪个重要，我们说都重要，但是一定要问哪个更重要，那么创造价值更为重要。”在马云看来，创造价值比赚钱更重要，在阿里巴巴就有一个很重要的价值观：永远不把赚钱作为第一目标，马云曾说:“我们觉得伟大的公司首先能为社会创造真正的财富和价值，可以持续不断地改变这个社会。”这就是一个伟大企业的社会担当。

马云很早就预料到中国会入世，而且早已做好了中国入世的准备，他在阿里巴巴宣布实施“全球眼光，当地制胜”的战略，打出“我来自中国”的招牌。阿里巴巴提出的“中国供应商”的项目，正是马云经过观察中国的市场情况后提出的，中小企业一直都在中国市场中占有很大比例，生于杭州的马云对此深有体会，于是国内的中小企业市场便成为马云的帮扶重点。马云曾说:“未来 3 年，我想阿里巴巴要参照党在成长时期做过的三件事来行事：一是要统一思想，阿里巴巴要强化产业的认识；二是统一阵线的形成，阿里巴巴的最大骄傲是，阿里巴巴有统一的价值观；三是大市场，整个形势不允许我们再浪费风险投资，要花时间赢利。今天大家都在谈钱，在赚钱的时候，我们知道我们不是为赢利而赢利。”阿里巴巴用行动说明了一切，现在无论其创造的社会价值还是经济价值，都取得了很大的成功，并为中国经济的发展做出了重大贡献。

创业的最终目的是盈利，因此很多人认为企业只要能赚钱就等于有了价值。然而当我们把目光放长远时，就会发现能赚钱并不等同于创造价值。能够赚钱的人有很多，赚钱的手段也是多种多样，赚钱的过程中创造的价值大小更是千差万别。我们千万不能为了赚钱而给社会制造“垃圾”，因为创造价值比赚钱更重要。

9. 当首富“很痛苦”，花钱比挣钱难多了

马云在一次演讲中说道：“阿里巴巴能够走到今天，有一个重要因素就是我们没有钱，很多人失败就是因为太有钱了。以前我们没钱时，每花一分钱我们都认认真真考虑，现在我们有钱了，还是像没钱时一样花钱，因为今天花的钱是风险资本的钱，我们必须为他们负责任。我知道花别人的钱要比花自己的钱更加痛苦，所以我们要一点一滴地把事情做好，这是最重要的。”或许会有人说，阿里巴巴现在这么有钱，怎么还不敢花钱？正如马云所说的，企业花的都是风险投资的钱，所以每花一分钱都要对他们有所交代。

花别人的钱比花自己的钱更加痛苦

创业者在创业的初期，因为知道花的是自己的钱，所以大多都是精打细算地过日子，但是在企业得到风险投资的资金之后，花钱就变得大手大脚，这是因为他觉得此时花的不是自己的钱，所以根本毫不在意。然而，阿里巴巴在最初创业时花钱就很小心，得到风险投资后，花钱更加小心，马云一再强调：“阿里巴巴永远坚持一个

原则，如果今天花的是我们的钱，可以大手大脚。如果花的是投资人的钱，那就要特别小心。现在我们每天考虑的是如何花最少的钱，去做最有效的事。”

在最初创业时马云只有50万，可各项花销却很大，马云原打算用这50万坚持10个月，但四个月后，这些钱就花得差不多了。在这段缺钱的日子里，马云为了压缩运营成本，本来就节俭的他变得更加抠门，对各项运算花销都要做到花最少的钱做最好的事，那时彭蕾是公司的出纳、采购员，负责公司的一切花销，被马云称为“组织部长”的她，更像个“打杂的”。彭蕾在当了阿里巴巴的副总裁之后回忆这段日子时说：“那个时候没有什么分工，哪个工作缺人，你又能做一点，就去做。其实我就是管钱的，买盒饭、买打印纸等等，就管这个。”后来，阿里巴巴虽然获得了高盛、软银等著名投资机构的大笔风险投资资金，但这种节俭的传统依旧在阿里巴巴延续着。在阿里巴巴办公室门口的复印机上放着一个储蓄罐，旁边墙上白纸黑字写了很长的复印机使用规定，在这份规定中明确写道：个人因私事复印每张5分，自觉投币。而且阿里巴巴的很多高管坐飞机也都是选择经济舱，尽量避免坐头等舱，除非企业有什么着急的事情。打车也是选择最便宜的。这个优良的传统一直在阿里巴巴传承着，是阿里巴巴企业文化中很重要的一部分。

对于投资者的钱，马云看得比自己的钱还要重要。马云曾说：“投资者给你钱的时候，你一定要记得还他，这是做人的品质。”对于企业的发展来说，节俭是其积累财富的一种方式，同时也体现了创业者的内在品质修养。企业无论是在创业初期还是强大时，都要做好财务管理。

要学会盘活资金

在互联网的冬天时，马云说："市场不景气，多年从事服装行业生产和零售的企业主张停业。这些人手里握有大量的资金，并且熟悉、了解服装行业。在盘活这些闲置资金的竞争中，具有广阔市场前景、具有先天竞争优势、能够迅速实现赢利的B2C电子商务企业具有与生俱来的优势。"在马云看来，有资本很简单，但是要把资金用活就不这么简单了，要想获得财富，就要学会让死钱变成活钱，要学会盘活资金。

普利策出生于匈牙利，17岁时到美国谋生。刚开始时，他在美国军队服役，退伍后就开始创业。经过反复观察和考虑后，他在报业发现了商机，于是他将自己打工积累的资金做为创业资金。为了探索报业创业经验，他到圣路易斯的一家报社工作，向老板寻求了一份记者的工作，刚开始时，老板并没有同意，后来在他的百般请求下，答应让他留下来，但是有半年的试用期。经过努力，他成功地通过了实习期，经过几年的学习，普利策对报社的情况了如指掌，于是他用自己的积蓄买下濒临歇业的报馆，开始创办自己的报纸——《圣路易斯邮讯报》。19世纪末，美国经济开始迅速发展，很多企业为了加强竞争，不惜投入巨资搞宣传广告。普利策盯住这个焦点，把自己的报纸办成以经济信息为主的报纸，加强广告部，承接多种多样的广告。没过几年，他就成为美国报业巨头的老大。在最初创业时，普利策就是将自己微薄的工资以及节衣缩食省下来的钱，做为创业的资本，使它们发挥了更大的作用。

商业就是一个不断增值的过程。当企业发展到一定阶段，财富积累到一定程度，企业便要思考如何使用金钱？如何盘活资金，使钱变得越来越多？对于企业来说，资金就是生命线，是企业长久发展的能源。所以，从一定程度上来说，花钱比赚钱难多了。对于创业者来说，理智地使用金钱，巧妙地使钱生钱，是一种必不可少的能力。

10. 留住钱，就留住了未来的消费

在企业的发展中，资金是至关重要的一环。资金是企业发展的能源，是企业在商场中站稳脚跟的支撑，同时也是企业各项开支的来源。对于资金的花销，需要把钱用在企业发展的每一个关键时刻，但是我们有时，也要能留住消费者手中的钱，在马云看来："留住钱，我们就留住了未来的消费。"

在互联网时代，钱就是消费者，基于对企业长远发展的考虑，要学会留住钱，留住消费者，这会给企业的发展带来全新的局面。

能留住钱才是企业发展的目的

在马云看来：钱决定了两件事，一个是只有钱才能让商业转起

来；二是留住钱就留住了未来的消费。留住钱怎么就留住了未来的消费呢？现在的商家名目繁多，有预存赠送、线下健身、餐饮、娱乐等，线上也一样，支付宝已是网络上最通用的支付工具，每天的支付量巨大，但还是有很多人不愿意把钱放在支付宝上，只是在交易时使用它。过去，支付宝更侧重于拓展支付的能力，能消费，能交水电煤气话费，能转账还款等等。现在支付宝还要发挥把钱留下来的作用，最好是一发工资就把钱放到这里，在这种需求下，余额宝就诞生了。

2013 年 6 月 13 日，阿里巴巴旗下支付宝低调地推出了余额增值服务，这项服务被命名为“余额宝”。由于原先支付宝的用户就非常多，所以余额宝一出现，就受到了支付宝用户的追捧。支付宝的一项数据显示：余额宝的用户截至 2013 年 6 月 18 日晚上 9 点 30 分已突破 100 万。余额宝之所以受到用户的追捧，与它强大的用户基础有关，还因为目前我国货币基金的年收益率普遍在 3% 到 4% 之间，而活期存款的年收益也只有 0.35%。也就是说，同样是存 10000 元，通过活期存款一年的收益只有 35 元，而如果通过余额宝一年的收益可以达到 300 元至 400 元，如此明显的收益之差当然使余额宝更加受客户的喜欢。余额宝还具有操作简单、门槛低、零手续费、可随取随用等特点，除了理财功能外，还能直接用于购物、转账、缴费还款等消费支付，是移动互联网时代的全新的现金管理渠道。余额宝推出时的口号是“一元起购，定期也能理财”。余额宝的横空出世被普遍认为开创了国人互联网理财元年。

现在，余额宝已成为国民理财的“神器”。随着余额宝的出现，互联网理财领域刮起了一阵旋风，例如平安银行推出“平安盈”；民生银行推出“如意宝”；中信银行联合信诚基金推出的“薪金煲”；兴业银行推出的“兴业宝”和“掌柜钱包”等等，不过这些网上理财软件的出现，还未撼动余额宝中国第一大货币基金的地位。

在互联网时代，留住钱，就留住了消费者，就掌握了企业的客流量。企业要想走得远，就要提前做好准备，制定长远的目标，做好企业增值的准备。因为留住了钱，也就留住了企业未来的消费。

留住了顾客就留住了消费

互联网行业要想得到客户的认可，需要企业一直提供最优质的服务。只有服务得到客户的认可，才能让客户心甘情愿地拿出钞票进行消费。

海底捞就是一个把消费者放在重要位置的企业，一切都以用户为中心。进入海底捞的官方网站，用户会立即看到海底捞高清美食大图，还会看到海底捞倾心送上的爱心公告、温馨提示、菜品推荐等。海底捞把时时刻刻想客户所想贯穿整个服务过程中，为用户提供预订餐位和网络送餐的服务，通过网络送餐让用户在家中也能享受火锅的美味。想要订餐的用户可以进入“HI 订餐”页面，在此能看到海底捞各个门店的信息，用户可以选择最近的路线，然后填写订餐信息。为了方便客户用餐，海底捞还提供免费停车服务。除了这些，海底捞还提供十分贴心的服务，用户可在特别备注中填写自己的特殊要求，海底捞的员工都会尽量满足客户的需求。等到预订成功后，海底捞还会为客户发一条贴心短信，提示客户最佳的用餐时间及注意事项。海底捞从细微处着眼，努力为客户提供贵宾般的服务，给客户带来极致的用餐体验，这些服务也让客户感受到了海底捞的诚意。因此，几乎海底捞每家门店的生意都非常火爆，甚至还吸引了一群忠实的粉丝。海底捞的经营方式是真正出于为消费者服务的理念，这也是海底捞如此受欢迎的原因。

对于企业来说，无论采取哪种方式，最终目的都是为了留住消费者，留住未来的消费。马云说："吸引客户，就需要打动客户。若想打动客户，就要给用户带来震撼。"所以，对于企业来说，只有推出让客户意想不到的创新服务和产品体验，让客户发自内心地喜欢企业的产品与服务，才是真正地留住客户。

NO.7

用委屈，赢成长：

马云谈成长哲学

1. 创业没有退路，最大的失败是放弃

马云说："一条路走下来，我的梦越做越大。我觉得我最大的经验就是千万不要放弃，任何时候都要勇往直前，而且要不断创新和突破，直到找到一个方向为止。跌倒了爬起来，又跌倒再爬起来。如果说有成功的希望，那就是我们始终没有放弃。"

创业的路上从来都不是一帆风顺的，在企业的发展过程中，失败、打击是常有的事，在最困难时依旧要坚持自己的梦想不放弃。阿里巴巴正是因为这种不放弃的精神，才越做越大。

创业是一次长征

马云说："对所有创业者来说，永远告诉自己一句话：从创业的第一天起，你每天要面对的是困难和失败，而不是成功。我最困难的时候还没有到，但有一天一定会到。困难不能躲避，不能让别人替你去扛。任何困难都必须你自己去面对。创业就是面对困难。"在当下的年轻人看来，"创业"可能是最热门的话题，但创业不是玩笑，而是踏上一段充满艰辛的旅程，所以青年都要做好吃苦的准备。当你准备好要创业时就应该想到，既然自己选择了这条路，就要一直走下去，半途而废的企业是没有前途的。

阿里巴巴的前身是马云创办的中国黄页，马云在最初创业时充满了磨难和艰辛。当时的中国还没有互联网，人们对于互联网更是一无所知。在最初创业的时期，马云等人售卖的是一种在国内还看不到的商品。因此，马云被很多人看做是骗子，这也让他饱受非议。直到后来上海开通了互联网专线，才让大部分人理解了马云的做法。但这时的中国黄页由于资金匮乏而陷入了瓶颈。后来阿里巴巴的出现又把马云再次推到了风口浪尖上，当时的企业大多是为大企业服务的，只有阿里巴巴是专门为中小企业服务的，其 C2C 模式大部分人无法理解，因此该模式成为了“第五种商业模式”。之后阿里巴巴转战 B2C 模式，建立了淘宝，结合中国企业的状况，马云宣布“淘宝三年之内不收费”，与 eBay 的一场大战使阿里巴巴确立了在中国互联网市场的重要地位，也使阿里巴巴越来越受人关注。阿里巴巴上市后面对的挑战更多，但是在马云看来，这都是创业路上必须经历的，创业本来就不是一条轻松的路。正如马云所说：“我相信互联网和电子商务不会在一两年内成功，可能要花 10 年、20 年。开始容易，继续难。在这个长征里，只有你的心很坚定，眼界很开阔，才能把高兴和不高兴的事看轻；还要把钱看轻，才能赚到大钱；只有给别人带来价值，才能赚到钱。”

创业就是对自己拥有的资源或通过努力能够拥有的资源进行优化整合，从而创造出更大的成就。创业本来是一件需要严密布局和耗时的事，特别是在互联网行业，形势千变万化，这需要创业者具有灵敏的市场观察力。创业是一段长征，只有坚持下去，才能看到曙光，迎来胜利。

就算失败，也是学习

创业很难一帆风顺，会遭遇各种挫折和艰险，也有失败的可能。失败了又该怎么办呢？就此放弃，还是重头再来。马云在收购雅虎时说：“如果不做并购，就永远靠自己。阿里巴巴在没有上市之前，如果有一次并购的经历，就会让我们懂得怎么并购，我听说 80% 的企业并购都是失败的，我想证明我们能不能成为那 20% 中的成功企业，在上市之前哪怕我并购失败，我也可以得到很多的经验，对下一次并购有好处，对我来说这是一种事业，是一种学习。”即使失败了，对于企业也是一次学习的过程，只有从中总结经验，才能在明天走得更远。

杭州绿盛集团董事长林东，曾是第七届“杭州十大青年英才”和“杭州市五四青年奖章”获得者，他创办的企业销售业绩连续五年以翻倍的速度递增，2016 年的销售额已超过 3.2 亿元人民币，被业内称为“中国的牛肉干大王”。但是，他的创业之路却走得非常艰难。林东在大学毕业之后，向家里借了 30 万元作为创业基金。在 20 世纪 80 年代，中国经济的第一拨风云人物大多出于饮料行业。如 1984 年李经纬以“健力宝”扬名，1987 年宗庆后和“娃哈哈口服液”的诞生。在林东看来这两人代表了中国赚大钱的方式，于是他注册了杭州绿盛食品有限公司，绿盛的第一个产品是果粒橙，由于生产过了产品的旺季，林东第一次失败。但是，林东从中学到了只有充分了解市场，了解客户需求，企业才能成功。第二次创业是生产棒棒冰，仍以失败告终。两次失败的创业经历，并没有浇灭林东心中的创业梦想，这时的他决定要去匈牙利，由于种种原因，未能成行。后来，林东迫于压力做起了牛肉干，因为之前两次失败的创业经历，让他这次创业避免了很多错误，最终获得了成功。

在商场中，有人气魄的人从来都不惧失败，他们做足了准备之后接受挑战；如果失败了，大不了就重头再来，他们把要走的每一步都看做是一种冒险，在这场冒险中成长，不断学习。也因为不断地学习，他们才能总结经验教训，取得更大的成就。

2. 今天很残酷，明天更残酷，后天很美好

面对企业竞争，马云说："今天很残酷，明天很残酷，后天很美好，但是绝大部分人是死在明天晚上的，只有那些真正的英雄才能见到后天的太阳。"在企业竞争中很少有人能坚持下去，但是企业发展的机遇往往就在大多数人看不到的后天早上。华为总裁任正非说："'危机管理'并不是消极的等待'末日'降临，而是要努力消除'危机'，警惕'末日'到来。它的意义在于，让企业员工时刻怀有高度的危机感，自觉地为企业的前途拼搏，主动去做自己应该做的事，并灵活适应新形势的变化，达到不断增强企业抗风险能力的目的。"

再坚持一下

危机是很神奇的两个字，危代表情况的紧急性、意外性和破坏性，机代表的就是在危险来临时带来的机遇。由此可见，危险和机遇是相伴而生的，在危险来临时，机遇就会出现，两者是共生的。面对危机，有人看到了危险，有人看到了机遇。著名媒体人孙燕君说："正是在严酷的互联网冬天，阿里巴巴完成了决定其生死和命运的三大举措，奠定了迎接春天的坚实基础。从这个意义上讲，阿里巴巴要感谢'互联网的冬天'。"

在互联网行业最艰难的那几年中，接连不断地有企业倒闭。曾号称"全球首家网上时装网站"、欧洲最著名的电子商务网站之一的 Boo.com 宣布倒闭。曾是香港最大的网上书店——博学堂突然宣布清盘。这都让企业家们真真切切地感受到了互联网行业的不景气。还有一些知名的网站如 Tom.com、苹果日报和南华早报等纷纷进行裁员，以渡过互联网的冬天。当时的人人网宣布裁员 102 人，占了总公司的 1/3。面对互联网这种萧条的景象，阿里巴巴坚持了下来。在寒冬时期马云曾在一封公司内部邮件中写道："一个伟大的公司绝不仅因为能够抓住多少次机会，而是因为能扛过一次又一次的灭顶之灾！面对灾难，我们对自己说过：Be the last man standing！即使跪着，我们也要最后一个倒下去！凭今天阿里巴巴的实力，也许我们不会倒下，但是今天的我们肩负着比以往更大的责任，我们不仅仅要让自己不倒下，我们还有责任保护自己的客户——全世界相信并依赖着阿里巴巴的数千万的中小企业不能倒下！"在最艰难时，阿里巴巴依旧在不断地发展，最终成为一个专注于为中小企业提供贸易服务的企业的互联网行业龙头老大。

对于企业来说，无论面对什么样的问题，都要再坚持一下。对于企业所面对的灾难，企业管理者应有一个正确的认知。危机其实是一次隐藏性的机遇，对于企业来说很可能就是一个转折点，在这个转折点坚持一下，就会挺过冬天，柳暗花明。

不断调整，不断发展

对于企业家来说，当然希望自己的企业发展顺风顺水，没有企业愿意处于危机之中。虽然在危机中倒下的企业不计其数，但是那些在危机中存活下来的企业，例如新浪、搜狐和阿里巴巴都在各自的领域中成为翘楚，这就是危机给他们带来的机遇。松下幸之助曾说："逆境给人宝贵的磨练机会。只有经得起环境考验的人，才是真正的强者。自古以来的伟人，大多是抱着不屈不挠的精神，从逆境中挣扎奋斗过来的。"所以危机能够毁灭成功，同样也能创造成功。

20 世纪 80 年代，松下公司发展到了顶峰。但是，由于松下公司内部的原因，如自身经营不善、思想僵化及官僚作风盛行，松下公司遭受了一系列严重损失，在 90 年代其经营状况和盈利能力都在不断地下降，公司陷入了危机之中。面对这一困境，松下公司痛定思痛，决定进行改革，以"构造重组"和"制定成长战略"为突破口，通过破坏和创造两个层次的运作，把松下打造成一个为消费者提供有价值的产品和服务体系的企业。松下公司对于这次危机所做出的调整和改革，获得了广大员工的支持，很快也取得了成效，松下公司的利润率直线上升。而且在这次调整中，把"服务"的概念提到了原来提供产品的基础之上，这个全新的价值观在当时也引领了行业的新思潮。调整后的松下公司不断发展，不断创新，让公司渡过了难关，并取得更大的发展。

马云的“后天很美好”观点，告诫了那些创业者们，创业时会遇到一个个的困难，不要畏惧，坚持下去，成功就会不再遥远。

3. 短暂的激情不赚钱，持久的激情才赚钱

马云在讲到自己的创业经历时，特别强调：“创业需要激情，而且只有短暂的激情还远远不够，它需要持久地支持着创业者的灵魂。”一个人做事没有激情就像激烈的拳击比赛场上鸦雀无声，这样不仅会使运动员失去斗志，不能发挥出最优异的成绩，也会使裁判、教练的热情削减。创业时要有激情，有激情才能有动力，企业才能有更好的发展。创业需要激情，马云特别强调，企业需要的是长久的激情，这样的企业才能成功。

创业需要持久的激情

在阿里巴巴，每个人都有一把“六脉神剑”，它分别是：客户第一、团队合作、拥抱变化、诚信、激情、敬业。马云把“激情”作为“六脉神剑”的第五支，它的主要内容有：乐观向上、永不言弃。以乐

观的心态对待工作，面对企业发展中的挫折，勇于面对，勇于挑战。由此可见，激情是创业者最不可或缺的品质之一，同样激情也是企业发展的重要因素之一。

马云曾经给员工讲了这样一个故事：当年软银在日本上市时，孙正义希望把工资给得低一点，于是就把一部分企业股票给了员工，作为补偿，因为股票份额不大，而且在当时还不能变现，所以有一些员工仍就希望多一些工资。然而，不到两年时间，软银就上市了，随着软银的上市，这一点点的股票也就变成一百多万现金，拿股票多的人成了几百万美元的股东，还有人甚至成了千万美元的富翁。一些员工有了钱之后就想着：有这么多钱了还工作干什么？她们嫁人的嫁人，不干活的不干活，开始买房子、买车，没有一个人真正感谢公司，没有一个人感谢团队。这在当时对软银造成了很大的损失，有很多员工辞职开了公司，而且还在软银内部拉拢人才，这在当时对软银造成了很大的损失。但是，这些人没有一个成功，因为热情来得快，去得也快。马云在讲故事的时候，还分享了一个词语“五年陈”，是指那些在阿里巴巴工作五年的员工，他告诫这些老员工不要有“暴发户”的心态。创业需要有持久的激情，这种激情对企业来说是一种助推剂，有些员工为什么没有成功，就是因为他们对于创业没有长久的激情，做事情最可怕的就是失去了激情，有了激情才有了创造一切的力量。

阿里巴巴在香港上市后，成为中国互联网首个市值超过 200 亿美元的公司，在阿里巴巴内部，近 70% 的员工分享了 184 亿港币。在马云看来，这个成功是阿里巴巴上上下下的员工共同取得的，而上市后的阿里巴巴也会在大家的共同努力下走得更远。企业不管做何种布局，都要保持持久的激情。马云在创业的过程中就在不断地喊口号，在阿里巴巴最初创业时，马云就提出：第一是将来要做持续发展 80 年的公司；第二是要成为全球十大网站之一；第三是只要是商人，一定要用阿里巴巴。之后在阿里巴巴成立五年时，马云又提出了口号：阿里巴巴要做 102 年的大公司（从 1999 年算起，到 2101 年，整整 102 年，将横跨 3 个世纪）。这样一个个口号，给阿里巴巴的员工带来激情和斗志，让阿里巴巴不断地扩张起自己的商业帝国。

马云总是在不断地提出目标，给阿里巴巴的员工不断地注射激情，正是因为有了持久的激情，才有了今日庞大的阿里巴巴帝国。马云用事实向我们证明：只要有梦想、有激情和坚持不懈的努力，你就有可能是下一个成功者。

激情是不能受到伤害的

马云说："年轻人都有激情，但年轻人的激情来得快去得更快，持续不断的激情才最有价值。你可以失去一个项目，丢掉一个客户，但你不能失去做人的追求。失败了再来，这就是激情。有些人创业时期是很有激情的，但他们的激情来得快，去得也快。所以，我希望你们的激情能保持 3 年，保持一辈子。激情是不能受伤害的。"创业需要激情，但同时激情也是脆弱的，不能轻易伤害。

作为全球最大传媒集团之一的维亚康姆的创始人，萨姆·雷石东的人生就是一部激情史。原本在律师行业崭露头角的雷石东，盯上了父亲小有成就的连锁影院——东北影院，于是放弃了原本高薪的律师职业，进入了影院行业，在最开始时，雷石冬就面临着强大的竞争对手，自己的公司该如何在这些企业中脱颖而出，这是他需要考虑的问题。之后，东北影院改名为国家娱乐有限公司，并且在他的号召下，为了铲除行业内暗箱操作行为，代表美国 80% 以上电影放映商利益的国家影院协会成立了。就在大家都以为国家娱乐有限公司要大放溢彩时，雷石东差点在一次意外火灾中丧命，经过手术，他奇迹般地活了过来。之后他放弃了对国家娱乐公司的管理，把所有的精力都放在了收购维亚康姆上。维亚康姆的成功收购，对国家娱乐有限公司无疑是如虎添翼，但是这场收购除了给雷石东带来了高额的收购费用外，还有维亚康姆管理层对他这位控股股东董事长的敌意，于是他大刀阔斧地更换企业管理核心，对于企业庞大的收购债务，他只卖股票不卖资金，填补了企业的债务。之后的维亚康姆在雷石东的手中越来越强大，现在已是全球最大的传媒公司。雷石东在后来的采访中说道："我考虑更多的是成功，如何取得更大的成功。我心中那股赢的激情将永远不灭。"只要心中那个关于创业的激情未灭，那么一切都是有可能的。

激情能够刺激体内的活性因素，是能够创造奇迹的神奇力量。在创业的过程中，带着激情上路，企业离成功将更加接近。

4. 在困难面前，用左手温暖右手

在创业的过程中，困难、挫折等是每个创业者必须面对的，而创业的快乐就在于迈过一个个艰难险阻，在困难之路上成长壮大。在困难来临时，要学会自己温暖自己。马云说：“没有人是完美的，社会不可能完美，因为社会是由所有不完美的人组成的。你的职责就是比别人多勤奋一点、多努力一点、多有一点理想，世界才会好起来。我就是这么走过来的。之所以能走到今天，唯一的理由是我比同龄人更加乐观，更加会找乐子，更加懂得用左手温暖右手，相信明天会更好。”

学会自己取暖

联想的董事长柳传志就曾形象地描述过创业的过程，他说：“创业之路就像一列前进的火车，不断有人上车下车，都很正常，但总有人想要去更远的地方。也许你创业能做到一定程度，那退出肯定也比没做强。你要做得很大，就要做好更艰苦的准备，用我们自己常说的一句话就是‘困难无其数，从来不动摇’。”在创业的过程中，我们无法预料企业要经过多少磨难，才能够修成正果。困难是无法逃避的，所以在困难面前我们更应该学会左手温暖右手。马云说：“商业不外乎智慧、希望及勇气。这些都是经商的必要技巧。遇到问题时，我习惯用左手温暖右手。要不断告诉自己——没关系，我还是我，我还在学习成长，一切都会好的，至少我还活着。”我们要学会自己温暖自己。

马云最初创办的海博翻译社，是杭州第一家专为翻译创办的公司，在当时也没有专门的翻译机构，因此人们的第一反应不是接受而是排斥。海博翻译社并没有如马云所设想的那样取得盈利，反而渐渐入不敷出，面对不济的发展现状，马云毅然决然地背起了麻袋到义乌贩卖商品，凭借这微薄的收入，养活了海博翻译社三年。最后，马云奇迹般地挽救了海博翻译社。在创业中类似这样的困境或许在多数人身上上演过，但是又有多少人是像马云这样不抱怨、不争吵，脚踏实地地做下来的呢？在最无助时，马云学会平静下来，寻找新的出路。

同样，在“非典”时，马云依旧能够平心静气地寻找新的出路，并有所担当。在广东发现首例“非典”病例后，广西、山西、北京等地也陆续发现“非典”疫情，面对“非典”带来的巨大恐慌，各行各业都受到了不同程度的影响，阿里巴巴也没有逃出“非典”的魔爪。杭州市的第四例非典诊断病人，正是阿里巴巴的员工，因此阿里巴巴总部近 500 名员工被迫隔离，但是在马云和公司高层的带领下，500 名年轻的阿里人激情演译现代 SOHO（家居办公），“非典”非但没有使其业务受损，反而使其业务激涨 5 倍，阿里巴巴借势成为企业应对“非典”的成功范例。在非典时期，阿里巴巴首先想到的就是自己解决困难，自己温暖自己。

在这个充满诱惑的时代，每个人都渴望成功，但是在困难面前，很多人拿不出具体的行动，而是沉浸在自己的白日梦中。如果人们能在这个越发浮躁的社会中独善其身，沉住气过好每一天，面对困难时自己温暖自己，不依靠别人，那么一定会有一番大作为。

自己给自己打气

马云说："在困难的时候，你要学会用左手温暖你的右手。你在开心的时候，把开心带给别人，在你不开心的时候，别人才会把开心带给你。开心快乐是一种投资，你开心就要和别人分享，然后有一天会回报于你。"许多创业者就是因为没有挺过难关，最后放弃了。在最艰难的时候，创业者需要时时给自己打气，以充沛的精力面对种种困难。

马云在创办中国黄页时，为了宣传中国黄页，连跑五趟，只为拿下一家杭州企业的生意，在当时中国互联网还没有几个人知道，人们都认为他是骗子，但他没有放弃。为了拿下生意，马云收集了大量关于电子商务的资料，不厌其烦地向这位老总讲解电子商务这种新型商业模式，但对方还是将信将疑，走时他向老总要了一份企业的宣传材料，几天以后马云带着一台笔记本电脑又杀了回来，当这位老总看到电脑上显示的自己企业的网页时，终于同意付款。中国黄页的每一笔订单都是马云经过千辛万苦才拿到的。马云在中国黄页发展艰难时，都是自己寻找资金。在困难时学会自己温暖自己，也正是这种精神，才有了现在的阿里巴巴。

当一个人遭遇了无数次打击，承受过无数次委屈和痛苦后，依然不改初衷，为自己的创业梦想不断坚持，那他必然会成功。信心来自信念和眼光，而长远的眼光并非人人都有，坚定的信念更不是人人都有。马云之所以成功，就在于他不但有长远的眼光，而且有极为坚定的信念。

5. 失败过的人，会把握每一次机会

失败对于创业者来说，是一场打击，如一盆冷水般浇灭创业者的梦想；但是对于优秀的企业管理者来说，失败是一次学习的机会，是一次不断成长的机会。马云对这一点深有体会地说道：“失败过的人，会把握每一次机会。”

我们常说：“失败是成功之母。”我们在失败中学到的不仅是经验，还有可能抓住失败中所潜藏的一线生机。也许正是这些机会，让创业者走向了成功的大道。

在失败中成长

“永不放弃”是马云的座右铭，在困难面前，有时人力无法改变，这时可以失败，但是不能放弃。失败过的人，更要抓住每一个可以成功的机会。在惨烈的商业竞争中，我们看到的大多是企业家成功时的光鲜亮丽，却很少看到他们背后的艰辛和泪水。在每一条成功

的路上，他们都曾摔倒过、碰壁过、被轻视过，他们的艰辛，以及失败后的挣扎是一生宝贵的财富，正是因为这些苦难，才造就了他们的成功。

马云在创办中国黄页时，遭遇了与杭州电信的竞争。迫于压力，只好与杭州电信合作，但由于马云在合作后并没有掌握公司的主动权，在决策上双方产生了分歧，最后不得不离开。马云在这次失败中学到了“在竞争中不能屈服，哪怕双方之间实力悬殊”的经验。在创立淘宝时，国内的 C2C 市场已有了霸主 eBay，且当时的 eBay 已收购了易趣。eBay 收购易趣后，成为当时中国刚刚兴起的电商市场的老大，无论是在财力、人力、技术上，淘宝都不能够与之匹敌，eBay 曾放言说：“淘宝只能存活 18 个月。”并对淘宝进行全面封锁，eBay 买下了搜索引擎中关于淘宝的关键词广告，搜索淘宝就出现“要淘宝，到易趣”，还在自己的主页打出了“淘宝贝，开店铺，生活好享受”的宣传语，对淘宝进行广告封杀。之后，eBay 又跟各主流网站签署了一年的排他性广告，eBay 的这一做法对淘宝来说几乎是灭顶之灾，但是马云没有畏惧，他见招拆招，把淘宝广告投放到公交车、电梯和地铁列车上，寻求中小网站联盟的推广，而且淘宝不收费，这一举措吸引了很多中小企业的入驻。持久的金钱仗，严重损害了 eBay 的盈利，对其造成了很大损失，最后这场战争以 eBay 的失败而告终。

淘宝之所以能成功，与其从中国黄页的失败中学习到的经验有关，在淘宝成立时，面对强劲的竞争对手 eBay 的百般刁难，依旧直面挑战，善于总结经验的马云观察市场环境，从中寻找突破口。敢于竞争是企业家需要具备的一种非常重要的创业精神，只有竞争，企业才能不断成长。遭遇失败不可怕，只要能在失败中不断学习，等机会再次来临时，就能果断抓住，找到新的生机。

把握机会，成就自我

“因势利导、因势而动、乘势而上、顺势而为”，就是强调形势对事物发展的决定作用。什么样的形势决定什么样的发展模式和发展方向。对于企业发展也是如此，在当今这个竞争激烈的社会，企业家们清楚地认识到机会的重要性。机会是公平的，但是需要有心人去发现，这就需要企业管理者时刻关注市场变化，紧追时代潮流，才能把握机会，取得成功。特别是对于失败过的企业来说，机会更加重要。

众所周知，2014 年周鸿祎和他的奇虎 360 陷入了危机，股价从最高时的 120 多美元掉到了 60 美元，黯然退出了市值百亿美元俱乐部。目前仅有的 70 亿美元市值，与阿里、腾讯、百度、小米四巨头相差甚远，且被京东、唯品会和网易超越，进一步加深了人们对于 360“掉队者”的印象。周鸿祎谈到这次的掉队说道：“我现在对于外部的环境看得很清楚，我们应该按自己的节奏走，不能被对手打乱了节奏。媒体和行业怎么看，都是别人替你瞎操心，自己还是应该明白。”奇虎 360 在创业时，想在智能手机领域占有一席之地，希望以 360 的流量与传统手机厂商的硬件相结合，推出一款特供手机。当时的周鸿祎十分自信，认为自己能在智能手机领域分一杯羹，他在说服一家手机厂商时说：“小米能发展到今天，在长达一年半时间没有对手是因为没有任何一个人敢跟进，推出同样配置、同样价格的手机。”手机厂商十分赞同他的说法，但是就在一切都准备好了后，该厂商却对周鸿祎说：“对不起，周鸿祎我们不做了，我们被你忽悠了。”他们放弃合作的理由是这不是与小米竞争，而是在“左手砍右手”。这次的失败给周鸿祎很大的触动，之后他说：“这次失败经历给我很大教训，使我意识到用户体验的真谛：你是什么不重要，重要的是用户认为你是什么。我还有另一个收获，就是‘若想有所成，必须要有更大精力投入’。”从2014年年底到2015年初，360结盟酷派杀回智能手机、跨界联手光线传媒，这一次奇虎360宣布与酷派集团成立合资公司，以4亿美元获得45%股权，之后又推出独立品牌“好搜”强化搜索品牌，周鸿祎卷土重来，奇虎360一定会走得更远。

企业发展需要主动出击，等待机会的企业很大程度上会失去主动权，因此企业在低谷时要紧跟市场形势，精准把握机会，这样才会越挫越勇，成就自我。失败过的企业会更加珍惜每一次可能卷土重来的机会。

6. 为结果付报酬，为过程鼓掌

很多的管理者都喜欢说：“结果是什么，我只要结果！”但是他们是否想过：错误的过程会导致什么。创业本来就是一个长期的过程，我们不一定能很快看到结果，因此创业者不要把眼光只是单纯地放在结果上。

马云说：“你人很好，也很善良，但你的企业还停留在理念和口号上，没有形成真正的商业模式。就像人喜欢看太阳，但看过太阳后眼睛不舒服。在成功的阳光背后会有无数的黑暗，其中蕴藏着数不清的挫折及困难。任何一个人、一个企业的成功，外人看到的都是表面的辉煌灿烂，很少有人能看到其背后付出的艰辛和执着。”所以我们应该学会：为结果付报酬，为过程鼓掌。

没有过程就没有结果

在《赢在中国》第二赛季晋级篇第六场时，一位叫刘晓宁的选手带着她的项目“找我中文网”参赛，马云仔细向她询问了有关项目的投资细节以及合作规模等问题后，对其做出一番点评。马云认为刘晓宁最好不要马上开始创业，最好等上 5 年，在这 5 年期间，找一家公司，脚踏实地地好好工作，从中学习经验，吸取教训，然后再考虑创业。在马云看来，创业固然重要，但是创业需要的不仅仅是领导能力、勇气，还需要经验，有了经验，创业才能少走弯路，企业未来的发展才能更长远。

马云大学毕业时，是以优秀毕业生的身份进入电子工业学院（现杭州电子科技大学）当英语老师的，而且在当时杭州师范学院500个毕业生中，马云是唯一一个进入高校任教的。在马云的派遣证发到手后，学院的老领导亲自找他谈话："马云啊，你这个机会来之不易，可要好好珍惜，你肩上扛的可是我们杭州师范学院的牌子，你可不能搞砸了，我们来打个赌，看你能不能做5年的英语老师。"老领导和马云定了一个5年之约，因为在当时越来越多的人选择出国深造和下海经商，而马云这么活跃的一个人，不会满足于平淡的生活，事实也正是如此。但这段英语教学经历，给马云今后的创业道路带来了很大的帮助。马云任教的电子工业学院是一所以理工科为主的大学，理科专业有很多优秀教师，但在商务、外贸、外语等专业上，师资就比较贫乏。擅长英语的马云，业余时间对国际贸易进行了深入的研究，很快他就成为英语专业和国际贸易专业的讲师。虽然马云做大学老师时的工资并不高，但是对他来说，这是一个积累的过程，马云的口才能力也是在这个时候逐渐显露出来的。在创业初期，马云特别重视口号的力量，在他看来，口号是激励员工努力工作的手段和工具。如果马云没有去任教，可能就不会在国际贸易方面有所涉及，同样也可能不会接触到互联网。这段教育经历，对马云日后的创业而言是一份宝贵的财富。

无论是在生活还是工作中，很多人都重视事情的结果，而忽视了过程的意义。然而，结果虽然决定了位置以及现在的存在状态，但是过程才是我们亲身经历的，更是我们走向结果的一个过渡。我们能够掌控的是过程，不是结果，只有努力后事情才会有结果。同样，如果你不努力，那么结果一定不是你想要的。没有过程就没有结果，创业者在创业的过程中，应该不断地充实这段过程，这样的人才是值得尊重的。

为结果付报酬

石油大亨洛克菲勒在给儿子的信中写道：“成功不是以一个人的身高、体重、学历或家庭背景来衡量的，而是以他思想的‘大小’来决定的。”这个“思想”就是你在经历中获得的经验，在商业竞争中，企业管理者想的最多的恐怕就是如何打败竞争对手，甚至于有些企业为了结果而不择手段，这种急功近利的做法是不正确的，不仅很难给企业带来更好的发展，甚至会把企业带入低谷。在企业的发展中，企业管理者应该学会为结果付报酬，想要取得高利润，首先要学会感恩。

“阿里妈妈”是阿里巴巴旗下的网络营销平台，但是“阿里妈妈”最初成立时并不是为了盈利，马云曾明确地表示：“阿里妈妈”能否为他带来盈利无所谓，他所看重的是“阿里妈妈”能否创建一种合理的盈利模式，能否让中小型网站获利。为什么要让中小企业盈利？这是因为中小企业在阿里巴巴最艰难时帮助了它，使它摆脱了危机。多数人看到的是创业者身后光鲜亮丽的结果，却没有真正了解企业走到今天经历了多少苦难。阿里巴巴之所以能走到今天，就是因为它在苦难时，总会有人伸出援手，而中小企业就是这样的存在。阿里巴巴旗下的淘宝网现在已是尽人皆知的大型交易平台，同时也是阿里巴巴产业的支柱。但是在辉煌的背后，淘宝网曾差点被行业巨头扼杀在摇篮中，无奈之下，马云只好寻求中小企业的帮助，而中小企业的帮忙给淘宝带来了新的转机。中小企业在阿里巴巴困难时伸出了援手，马云永远也不会忘记。马云一直都在思考要用什么方式回报中小企业，之后他看到市场大多被大企业占据，为了能让中小企业平等地参与竞争，营造健康的市场环境，于是“阿里妈妈”诞生了。

如果马云只想着盈利，那么就不会有“阿里妈妈”的存在，马云的这一做法既成就了中小企业，又成就了自己。懂得感恩的企业才会走得更长久。

7. 荣誉是毒品，让你醉过去

荣誉对于企业来说是一种无形资产，荣誉带给企业最多的是品牌的号召力，但是在荣誉给企业带来更好的发展的同时，也会给企业带来危机。

从最初创业到现在，阿里巴巴经历了困难也获得过荣誉，在上市时，很多人对马云和阿里巴巴都赞不绝口，阿里巴巴推出的淘宝网、天猫、支付宝、余额宝等等为其带来了不菲的收益。但是在这些赞美的背后，所付出的泪水和汗水只有马云和他的团队知道。面对这些荣誉时，马云很理性，他时常告诫自己：荣誉是毒品，会让人醉过去。

没有对手就会有危机

马云在一次演讲中说道："这几年确实对我也好，对我的同事也好，我们获得了非常多的不该属于我们的荣誉。大家都说：'淘宝发展得很好，阿里巴巴发展得很好，马云做这个事情很正确，那个事情很不错。'其实这些荣誉不属于我们，是属于这个时代，是属于在座各位，是你们的努力，使得电子商务发展得那么快。当然我们也得到了很多不该属于我们的指责，这就是生活，你既然干了，就得承受这一切。"在马云看来，你受过多大的批评就会得到多大的好评，阿里巴巴的今天，不是我们的功劳，是属于这个时代的每一个人。创业者天天把荣誉挂在嘴边，这样容易使企业飘飘然，自以为是地认为企业已经很强大了，容易自我满足、故步自封，殊不知没有竞争对手才是最可怕的。

在阿里巴巴打败 eBay 易趣后，有人曾问马云："现在最大的竞争对手是谁？"马云回答说："沃尔玛。"马云并没有因为打败了 eBay 就飘飘然，他清楚地知道，互联网行业中的竞争是多么的激烈，身边有许多企业虎视眈眈，在你懈怠时，出其不意地袭击你。马云在打败 eBay 易趣后，并没有沉浸在身边人的赞美声中，而是主动出击，寻找新的对手。在一次采访中，主持人问马云:“这种没有对手的状态，你觉得对你来说是一种危机还是一种欣喜?”马云回答说:“特大的危机。没有对手就像没有磨刀石一样，会使人产生懈怠。而碰上好的对手，你所有的精力、能力都会被调动起来。”没有竞争对手，企业会陷入很大的危机中，在互联网行业中，市场变化莫测，创业者们需要时刻关注市场变化，迎接新挑战。

阿里巴巴在互联网行业取得的成就非常多。但是对马云来说，不能太在意荣誉，太在意就会让人失去判断力，从而导致错误的举措。同样，企业是需要荣誉的，因为这是通过企业里每一位员工的奋斗获得的。但是，企业也不能沉浸在荣誉的沼泽里，这样对企业的发展有百害无而无一利。

时时刻刻保持危机感

华为总裁任正非曾在华为发展势头良好时，在公司内刊上发表了一篇《华为的冬天》的文章，他在这篇文章中说道:“公司所有员工是否考虑过，如果有一天，公司销售额下滑、利润下滑甚至会破产，我们怎么办?我们公司的太平时间太长了，在和平时期升的官太多了，这也许就是我们的灾难。泰坦尼克号也是在一片欢呼声中出的海。而且我相信，这一天一定会到来。面对这样的未来，我们怎样来处理，我们是不是思考过。我们好多员工盲目自豪，盲目乐观，如果想过的人太少，危机也许就快来临了。居安思危，不是危言耸听。”俗话说得好:“打江山容易守江山难。”对于企业来说，创业也许是一件容易的事，但你会发现能一直在市场中占有一定的市场份额，并且不断发展，是非常难的事情。企业管理者应经常保持一种危机感。如果缺乏危机感，那么企业可能就会失去竞争力，甚至是破产。

曾经有人说：“21世纪，没有危机感是最大的危机。”身处逆境和困境，危机迫在眉睫，谁都会有危机感。可是真正聪明的人，即便是在顺境下也会有危机感，保持忧患意识，使自己依然能够坚持不懈地努力。所谓居安思危，未雨绸缪，有备无患就是这个道理。

8. 冬天不一定人人都死

马云曾说过：“冬天寒冷的时候，我们提出的口号是，坚持到底就是胜利。只要我们活着就有希望。”“永远不要跟别人比幸运，我从来没想过我是比别人幸运（的人），我也许比他们更有毅力，在最困难的时候，他们熬不住了，我可以多熬1秒钟、2秒钟。”马云十分看重企业在逆境中的成长，在马云看来，在逆境中表现出来的能力才是真正的能力，这种能力决定了成功还是失败。所以，后来马云才会说：“所有的创业者应该多花点时间去学习别人是怎样失败的。”

对冬天要有预先准备和坚持

有这样一则寓言故事：有三只青蛙一同掉进一只装满鲜奶的桶

中。第一只青蛙说："这是神的旨意。"于是，它缩起后腿，一动也不动。第二只青蛙说："这只木桶太深了，我实在没有办法跳出去。"说完，也同样不动了。不久，这两只青蛙被淹死了。只有第三只青蛙没有放弃努力。它想："只要我的后腿还有些力气，就一定要把头伸到鲜奶上面。"它就这样慢慢地游。忽然，它觉得它的腿碰到了一些硬硬的东西，居然能站在上面。原来，它不停地游来游去，把鲜奶搅成了奶油，一跃跳到了桶外。这里的道理浅显易懂。企业在发展的路上遇到困难不可避免，只要有坚定的信念，就一定会发展得好。

在互联网的寒冬时期，许多企业都面临着倒闭的风险，当时的阿里巴巴也被这种气氛包围着，在互联网不景气时，许多企业都不敢有太大的动作，当时的阿里巴巴已处于高度危机状态。对于刚刚创业的马云来说，这是一个不小的打击。当时阿里巴巴股东的脸色十分难看，甚至放出狠话：再不盈利，就把网站拆了。当时阿里巴巴的账面上只剩下能维持半年多的700万美元，而此时的马云还没有找到企业盈利的方法。无奈之下，他宣布在全球范围内进行撤站裁员，启动了后来被称作"回到中国"的战略紧锁，原来30人的香港办事处只剩下8人；在美国硅谷的30个工程师只剩下3人；设在上海的办事处减员到10人以下。残酷的撤站裁员暂时化解了阿里巴巴的寒冬危机，为其赢得了宝贵的喘息时间。但是并没有真正解决寒冬危机，这次撤站裁员使阿里巴巴元气大伤。马云为振奋士气，做了三件大事：给员工灌输价值观；培训员工；提高销售人员能力。这些举措很快使得阿里巴巴士气高涨，也使得阿里巴巴度过了寒冬。

对于企业的长久发展来说，创业者要能够在困境中独挡一面，这是企业长久发展的保障，我们常说：逆境出人才。在逆境中顽强生存的人能够在危机中寻找出路，寻求转机。

有时候死扛下去是有希望的

在一次采访中有记者问道："……那是互联网处于冬天的时代，马云先生说'互联网的冬天再延长一年'。当很多人都希望互联网的冬天越短越好时，你为什么会说出这样的一句话？"马云回答说："我想我们运气比较好，我们先比别人判断出了冬天会到来。在形势最好的时候进行了改革，千万不能弄到形势不好的时候改革。……所以当时的主题就是'活着'，所有人都得活着。如果我们活着，还有人站在那边的时候，我们就得坚持下去。"在马云看来，寒冬时期企业并不一定会死去，只要坚持一下，就会有不一样的结果。在寒冬时期，企业能否成功就在于你是否坚持了下来，机会就在每一次的绝处逢生之后。

美国西部曾经是人们淘金的热门之地，每个来到这里的人都希望自己能够淘到黄金，有一个年轻人也来到了西部，但当他走到一条大河边时，被湍急的河水挡住了去路。每个路过这里的人都因为这条河挡住了自己发财的机会而憎恨，但是这个年轻人却在这里看到了商机——为那些淘金的人摆渡。之后他发现西部缺水，于是做起了卖水的生意，生意火起来后，引来很多人的效仿，一些竞争者仗着人多势众砸了他的水车。但年轻人并没有放弃，而是选择继续留在西部，这一次他把目光放在了淘金人的裤子上，因为淘金工作十分辛苦，淘金人的裤子很容易破损，他研制出一种耐穿的裤子，并在全世界流传开来，这位年轻人就是鼎鼎大名的“牛仔大王”李维斯。李维斯在经历了一次次挫折后，依旧不放弃，坚持走下去。所以在困难时，坚持下去是有希望的。

在冬天并不一定人人都会死，未来是属于这些不断坚持下来的人，逆境中的阳光更加灿烂，经历过寒冬的企业同样会拥有更加美好的未来。

NO.8

用愿景，赢支持：

马云谈时代的视野

1. 中国互联网缺乏独立精神

马云说："中国互联网缺少独立精神是天生的问题。阿里巴巴的独到之处就是不会跟着美国人走，也和中国纯粹本土的想法不一样，以至于我们的独特世界观被笑称为'异类'。如果找马云是为了做搜索的概念去做搜索，那么我们就不做了。我并不是要干革命颠覆谁，而是觉得搜索仅仅是为人民服务的。今天 Google 的技术，纯粹是为技术而技术的，它是个工具，是帮助别人成功的，而并不是自己的成功。也许陈天桥（盛大 CEO）骨子里有点独立精神，丁磊（网易 CEO）也肯定有，但是这种气质在中国互联网界缺少施展的空间。阿里巴巴要倡导的是成年社会的互联网，而不是现在网易、新浪、腾讯们所主导的，让少年们肆意玩乐的互联网。"在马云看来，中国互联网缺乏独立精神，全世界的互联网都是依托于美国互联网出现的。中国现在正在慢慢通过自己的努力改变现状，寻求中国互联网的独立。

中国的互联网公司

在 2007 年杭州举行的"首届中国网络工程师侠客行大会暨中国互联网技术精英论坛"中，马云说道："我也很高兴听到互联网的用户数过了1.44亿，我自己感觉中国到今天为止还没有真正的互联网公司。诞生真正的互联网公司应该在互联网用户突破两亿人以后，我相信中国那时会出现非常强大的互联网公司，中国互联网公司技术一定是很重要的驱动力量，所以我这里希望阿里巴巴能够有幸跟大家一起合作，我们一年一年地办下去，一直办、办得更好，成为全球互联网技术研究发展的平台。”2016年3月3日，据工信部公布的《2016年1月份通信业经济运行情况》显示：2016年1月，我国移动电话用户规模达到12.8亿。随着互联网市场的不断扩大，中国的网民也在不断增加，中国渐渐成为世界上网民人数最多的国家之一。

阿里巴巴在杭州黄龙体育中心举办的10周年大型庆典晚会上，马云出席并发表演讲说：“最近一两年来，阿里巴巴管理层纠结的是，未来10年我们阿里巴巴怎么走，我们需要变成一个什么样的公司？我想不是我们想变成一个什么样的公司，而是世界需要什么样的公司。在21世纪，我们需要有21世纪理念的公司，我们希望更懂得开放，更懂得分享，更懂得全球化的公司。我相信互联网之所以发展那么快，是因为互联网懂得开放、懂得分享、懂得承担责任，有全世界的眼光。今天任何一家企业，假如想在21世纪活好，必须学会开放、分享、责任、全球化，阿里巴巴就是希望成为这样一家公司。”阿里巴巴最初成立时就希望能够走出国门，成为全球化的公司。马云正在一步一步把阿里巴巴的美梦变成现实，2013年阿里巴巴终于在美国上市了。而阿里巴巴的扩张道路才刚刚开始，未来还有更多的挑战在等着它。

中国现在已经是全世界网民最多的企业，在互联网经济下，电子商务深入人们的生活并带来巨大的影响，人们与互联网的联系不断加深，我们的生活越来越离不开互联网。互联网在给人们的生活带来便利的同时，也给企业带来新的发展机遇。在互联网经济下，各行各业的联系在不断地加深。互联网就好像一根纽带，连接着世界各地的网民，同时也造就了一个个神话。

中国互联网正在慢慢独立

随着中国互联网经济的发展，中国网民数量不断增加，人们对于自身的隐私保护意识也在不断提高，一部部互联网法律的出台，也说明了中国对于互联网的安全意识在不断提高。这种苏醒过来的网络安全意识，在我国已经有所体现。

在互联网行业，企业的商标维权一直都是互联网发展的漏洞，商标维权的主体大多是传统行业或传统企业。如今，在“互联网”的驱动下，互联网企业日渐成为“主角”，也有成为全新商标维权主体的趋势。360、小米相继向互联网金融领域的“傍品牌”现象发起诉讼，预示着互联网企业的品牌维权意识正在全面觉醒。日前，360公司将一家金融企业起诉至北京知识产权法院，诉称其共同经营的“360 贷贷网”侵害 360 相关注册商标专用权，该网站此前名为“贷贷网”（www.365ddw.com），2015 年 7 月 8 日变更为“360 贷贷网”（www.360daidai.com）。更名后，该网站使用的“360 贷贷网”标识图形和数字“360”均为绿色，与大众所熟知的 360 商标非常相似。这就导致许多投资者认为这是 360 旗下的投资平台。对于社会大众更是一种欺骗，严重破坏了360的企业形象。之后360将其告到法院并提出了高达3000万元的索赔金额。这应该是迄今为止互联网金融领域商标侵权索赔金额的最高记录，也是互联网金融领域首起驰名商标司法认定案，堪称互联网金融商标第一案。而小米公司起诉“小米e贷”网站经营者北京华忠科技有限公司商标侵权索赔100万元案，已被北京海淀区法院受理。

在中国互联网发展的这20—30年里，互联网行业还在不断地成长壮大，对于互联网行业来说需要完善的地方还有很多，相信会有更多的知名互联网企业效仿360拿起法律武器，走上品牌维权之路。这也说明中国的互联网正在走向独立，并不断寻求新的突破，进入全面发展期。

2. 未来要么电子商务，要么无商务可言

2009年，马云在国内首届网交会论坛上谈道：“10年以来，我被很多人认为是中国最大的忽悠者，我讲任何话都是忽悠，我今天还想再‘忽悠’一把！10年来我一直在忽悠，一直在倡导互联网的精神，一直倡导电子商务，一直倡导网商的精神，6年前我和一个很要好的商人朋友交流，我说：‘刚刚推出了淘宝网，希望你将生意搬到网上做。’他说：‘再说吧，有很多的时间。’4年前我又请他将

生意搬到网上，他说：‘行了，我现在忙不过来。’两年前他跟我说：‘为什么不早说，我现在的生意都被淘宝网上的人抢走了。’”在决定要做互联网时，马云就发现电子商务会成为一种必然的趋势，并改变人们的消费习惯，是未来互联网行业很重要的组成部分。

电子商务的成功带来整个行业的变革

马云说：“只有应用电子商务的企业成功了，电子商务产业的春天才会真正来临。”马云凭借敏锐的市场嗅觉，率先发现了互联网行业的商机，主动出击，适应市场需求。世界首富比尔·盖茨曾经说过：“21 世纪掌握信息不如掌握趋势，掌握趋势不如掌握全球最大的趋势，而 21 世纪要么电子商务，要么无商可务。”在一开始并不看好互联网的比尔·盖茨也渐渐地看到了电子商务的未来。今天的大趋势就是互联网，网络教育、网上购物、个人网页、网上创业等，都与互联网有关。互联网早已经进入我们生活的方方面面。

当今时代，各个企业纷纷进军电子商务，开辟新的增长点，挖掘赢利点，力求能在激烈的市场竞争中占有一席之地。正如熊晓鸽（著名投资家，IDG 亚洲区总裁）与马化腾所预见的：未来的电子商务一定是中国互联网的最主流应用。阿里巴巴、淘宝、易趣很大程度代替了传统的商场与商贸公司，许多传统行业可以通过互联网来进行商务拓展，通过互联网占据更大的网民市场。电子商务自出现以来，就以一种令人叹为观止的速度增长着，快速在人群中得到普及。电子商务正以一种潜移默化的方式影响并改变着人们的生活。

在阿里巴巴刚成立不久，马云和阿里巴巴网站就开始运作一个叫做“中国供应商”的项目，它所提供的帮助是让所有相信和使用这个产品的中国中小企业成为国际供应商。中国是公认的世界“制造中心”，而“中国供应商”就是在这种情况下应运而生的，如何才能让这些价廉质优的产品成为商品远销海外或者被外商看中，是这些中小企业的期望。在互联网时代到来之前，这对于实力较弱的中小企业来说非常困难。中小企业资金不足，不能像大企业那样在广交会上花费十几万甚至几十万的展位费和人员开销来获得外商的注目，但却可以通过“中国供应商”实现中国商家和国外买家的对接，促成交易。“中国供应商”解决了中小企业面临的一系列问题，使其摆脱了大企业的束缚，能够健康成长。

电子商务的成功是科技推动的结果，同样也是时代发展的结果。电子商务的成功是产业的春天，为整个行业的变革、企业的发展注入了新的活力。电子商务会在全世界的土地上开花结果。

电子商务会成为互联网制高点

马云说:“互联网将由‘网民’和‘网友’时代进入‘网商’时代。阿里巴巴有一个使命，那就是要把互联网带入网商时代。”互联网的改革意义就在于它出现之后，不仅涌现了一批全新的产业公司，传统的企业和行业也迫于市场压力向它靠拢和转型。2010 年马云在美国著名的脱口秀节目中说道:“在未来的十到二十年间，美国的电子商务会继续领先，但世界正在向中国倾斜。”马云之所以说世界正在向中国倾斜，是因为中国是世界上网民最多的国家，随着中国使用互联网的人不断增加，网民的素质逐步增强，中国的电子商务必然会发展得更好。

商业模式平台渐渐从线下转移到线上，电子商务对于传统行业的冲击已日益白热化。而一直被人称为“传统零售领域的巨人，电子商务领域的侏儒”的沃尔玛，其电子商务的发展远远落后于其他商业大鳄。而在新的电子商务时代风云突变的冲击下，沃尔玛痛定思痛，主动出击，迅速完善和构建其线上业务，仅仅用了3年多的时间，就构建了一个独具特色、应有尽有的网上大卖场，迅速适应了时代的发展。并且在2011年秘密入股1号店，获得1号店17.4%的股权，之后又通过收购，获得了1号店33.6%的股权。控股1号店后，沃尔玛成为中国市场规模最大的线上虚拟门户与实体门户相结合的零售企业。马云曾说：“我之所以坚信阿里巴巴能够超越沃尔玛，原因在于，同样是新增1万客户，沃尔玛需要建新的仓库、很多的配套。但阿里巴巴，只需要两个服务器就够了。然而，一旦让沃尔玛这种巨头适用了电子商务，那么原属于新兴电商企业的优势就会被无限弱化，甚至还会被反将一军。”沃尔玛快速调整自己适应电子商务，阿里巴巴同样也不甘落后在不断努力。在2015年英国《金融时报》公布的“全球最具价值品牌百强榜”中，阿里巴巴以排名第13位的成绩首次上榜，亚马逊位列其后排名14。相较于2014年的第10名，亚马逊的排名下降了4位，而沃尔玛的排名则由22位下降到26位。从这个数据上可以看出阿里巴巴正在不断赶超沃尔玛。

电子商务发展得如火如荼，正如马云所言，不做电子商务你会后悔，传统商业会被电子商务所取代，电子商务会是未来发展的总趋势。

3. 互联网就是“互动”和“联盟”

何为互联网？百度百科给出的解释是：网络与网络之间所串连成的庞大网络，这些网络以一组通用的协议相连，形成逻辑上的单一巨大国际网络。在马云看来，“互联网的‘互’就是互动，‘联’就是联盟，互动是一个强大的社区，在中国互联网社区，我现在才搞清楚Web2.0是什么意思，一个好的互联网，就应是互动的，Web2.0的核心就是互动的”。

互动很重要

马云表示说：“阿里巴巴和淘宝从第一天起就是Web2.0，Web2.0就是互动参与，Web2.0应该是方便用户寻找自己想要的内容，并方便他们发布自己想要发布的内容。”Web2.0是相对于Web1.0的新的时代，指的是一个利用Web的平台，由用户主导而生成的内容互联网产品模式，为了区别传统由网站雇员主导生成的内容而定义为第二代互联网，即web2.0，是一个新的时代。在这个时代中，用户可以参与互联网的内容制作，而且还更加注重互动性。在互联网中，互动是很重要的，而互动社区就是最好的表现形式，在中国有三家互动社区做的很好，他们分别是QQ、阿里巴巴、网易。

在新互联网经济的影响下，“互动”成为移动互联网时代一种特殊的营销手段。

传统媒体环境下的营销方式是投放广告，观众看到广告后，会对品牌和产品产生巨大的购买欲望。虽然这种传统媒体时期的创意更具有挑战性，但是与新的营销方式相比，这种营销就显得有些单调，不能唤醒消费者内心更加深层次的购买欲望。这种模式最大的弊端就是缺乏互动，保持互动最简单的方法是更新，越新鲜的东西越容易互动。传统媒体下的传播又被称为是单一传播，或者是不能产生互动的传播。在特定的时期下，这种传播方式能起到很大的传播作用。但是，当网络营销出现时，这种主动的、互动的、消费者参与度较高的营销方式，具有更大的影响力。

可口可乐在2014年推出“昵称瓶”后获得了巨大的成功，2015年可口可乐开始推广“歌词瓶”。从周杰伦到五月天，歌词瓶上的歌词大多出自人们耳熟能详的歌曲。此外，消费者可通过扫描瓶上的二维码，观看小段音乐动画，并且还能够在社交平台上分享，让年轻人通过瓶上的歌词或音乐来表达自己的心情。可口可乐先是在潘石屹、任志强等KOL的微博进行定制化产品投放，利用其名人效应让更多消费者熟知。而后，在自身的微博上发布与歌词相关的内容，与产品配合。于是，我们便看到不少朋友在自身的社交平台上也晒起了有意思的歌词瓶。可口可乐就是通过网络营销的方式，扫描二维码、分享微博等新型营销方式投放广告，加强其广告宣传力度，使大众更加关注可口可乐，为产品销售打下了坚实的基础。而现在这种方式在企业产品的营销中已司空见惯，通过互联网的互动方式使人们体验产品，才能够吸引更多的消费者。

互联网的“互”就是“互动”，在互联网经济下主动出击，任何企业都离不开宣传，好的宣传也是决定企业成功的一个重要因素。它既可以满足顾客的个性化需要，又能树立起企业产品和服务在顾客心中良好的体验感受，强化顾客的品牌意识，为企业产品培养忠实的粉丝群体。

中国互联网+联盟

2015年第二届世界互联网大会开启“互联网+”论坛，首先就“互联网金融创新和发展”议题展开讨论。在论坛上，中国互联网三大企业：百度公司、阿里巴巴集团、腾讯集团共同发起倡议，成立“中国互联网+联盟”。

中国互联网发展基金会副董事长李士林先生宣读了倡议书，其中写道：“当今世界以信息技术为核心的新一轮技术革命正在兴起，互联网日益成为创新驱动发展的先导力量，深刻地改变着人们的生产生活，有力推动着社会的发展。进入21世纪以来，在技术演进和市场扩张的双轮驱动下，互联网加速渗透各行各业，成为产业升级、服务惠民活力之源，实施互联网+行动我们正逢其时。当前，国家推进互联网+的顶层设计出台，一系列重要的措施纷纷而至，互联网+成为政府推动，企业为主，社会共同努力的国家行为。在此我们倡议成立中国互联网+联盟，通过有效的联盟机制，凝聚政府、产业界、金融界、学术界以及社会各界的共识与合力，共同培育推进中国经济转型升级的新动能，共同承担起新常态，实现中国梦的历史使命。”互联网联盟对于企业互联网发展具有战略意义，它既顺应了时代潮流，符合互联网发展的需要，又有利于推动互联网的发展，同样对于互联网行业下企业的发展具有重大意义。

马云曾在爬长城时感叹道：“我们在长城上发现一件很有意思的事，在长城上的很多砖上都写着‘张三到此一游’、‘李四到此留念’，我突然发现这是中国最早的 BBS。中国人喜欢 BBS，而像我这样不懂技术的人要使用互联网，最快、最方便、最容易接受的方式就是通过 BBS。所以我们就从 BBS 入手，阿里巴巴最早其实是个 BBS，我们把每个人想买或者想卖的东西放在网上。我们大家都知道 BBS 是一个倡导自由的地方，但我当时跟我们的技术人员讲，贴在我们 BBS 上的每一条信息都必须先要检查并进行分类，技术人员觉得这违背了互联网精神，因为互联网精神就是自由的，每个人都可以任意发表自己的言论或信息。但我觉得我们必须要有创新，在我们的 BBS，每一个贴上去的信息都要被检查、分类。”马云对信息进行检查就是为了维护互联网的安全，这是对顾客负责任的态度。

“互联网 +”实际上是创新 2.0 下的互联网发展的新形态、新业态。互联网一个很重要的特征就是它能够给大家提供一个相互沟通的交流平台。互联网就是“互动”加“联盟”，现代人类社会生活和工作都离不开互联网，它影响到社会发展的方方面面，互联网在未来的社会发展中将扮演着越来越重要的角色。

4. 世界如此精彩，全拜懒人所赐

一次，马云在给雅虎员工做演讲时说道：“很多人都记得爱迪生所说的那句话吧，天才就是 99% 的汗水加上 1% 的灵感。并且被这句话误导了一生。勤勤恳恳地奋斗，最终却碌碌无为。其实爱迪生就是因为懒得想他成功的原因，就编了这句话来误导我们。懒不是傻懒，如果你想少干，就要想出懒的方法。要懒出风格，要懒出境界。”

对于企业管理者来说，马云的这句话富有深意，懒不是无所作为，而是要求企业管理者能够有所创意，不要做无用功，能够更多地为消费者考虑。在马云看来，把一味蛮干当做勤奋的人很难有所作为，更不用说推动这个社会，真正能够改变世界的是一些有创意、有想法的懒人。

世界是靠懒人支撑

在大多人都在勤勤恳恳地工作时，马云却说：“勤勤恳恳地奋斗最终碌碌无为。”马云的这句话并不是提倡不努力，而是要学会寻找捷径，正如马云所说的那样，世界是由懒人创造的。正因为这些懒人，才有了我们今天生活的社会。马云总结了世界上那么多非常聪明并且受过高等教育的人却无法成功的原因，就是因为他们从小就受到错误的教育，使其养成勤奋的恶习。这可能是马云为了活跃气氛吸引大家的注意。但不可否认的是，确实是因为懒人的存在，这个世界才更加丰富多彩。

这里的懒人不是无所事事，而是不一味地蛮干，他们凭自己的想法改变了世界，创造了历史。马云为了证明自己观点的正确性，举例说了比尔·盖茨、可口可乐、罗纳尔多、麦当劳等著名的企业、人物以及产品，之后马云又说："还有更聪明的懒人：懒得爬楼，于是他们发明了电梯；懒得走路，于是他们制造出汽车、火车和飞机；懒得每次去计算，于是他们发明了数学公式；懒得出去听音乐会，于是他们发明了唱片、磁带和CD……这样的例子太多了，我都懒得再说了。"在马云看来懒是一种进步的标志，这些事例说明了一个懒人如果拥有聪明的头脑，并善于利用，便会大有作为。照这样说，确实是懒人为人们的生活带来了很大的便利，正是这些懒人才想出了偷懒的办法。敢于想象，才能改变现状；敢于偷懒，才能改变未来。

马云不仅拿出名人举例，还把动物拿了出来，他说："人是这样，动物也如此。世界上最长寿的动物叫乌龟，它们一辈子几乎不怎么动，就趴在那里，结果能活一千年。它们懒得走，但和勤劳好动的兔子赛跑，谁赢了？牛最勤劳，结果人们给它吃草，却还要挤它的奶。熊猫傻哩叭唧的，什么也不干，抱着根竹子能啃一天，人们亲昵地称它为'国宝'。"勤奋并不能给动物带来安逸的生活。同样对于人类来说，也有太多这样的例子，马云之后又举例说："回到我们的工作中，看看你公司里每天最早来最晚走，一天像发条一样忙个不停的人，他是不是工资最低的？那个每天游手好闲、没事就发呆的家伙，是不是工资往往很高？”但是懒人并不代表你什么都不做，真正创造世界的懒人，是用自己的头脑来想尽一切方法来改变现状，而不是碌碌无为，不思进取。

或许会有人问：“那我们现在是不是就不需要勤奋了？”当然不是，我们的世界需要勤奋，勤奋是中华传统美德，更是企业在发展中所需要的优秀的企业文化。但勤奋是有目的的勤奋，是知道目标并为之步步计划步步努力的勤奋。马云所说的懒与传统意义上的懒是不同的，这种懒是颠覆思维，才能为世界创造财富的“懒”。

为懒人而生

现在“懒”已不是一个贬义词，它代表的是一种境界和潮流。在现在的社会中，出现了越来越多的懒人产品，例如：懒人减肥、懒人食谱、懒人穿衣等等，这些懒人产品对于繁忙的都市人来说是一种全新的生活体验。针对这个庞大的懒人群体，将会有越来越多的产品出现在市场中，并得到他们的关注和喜爱。

经常会有懒人问道：“像我这么懒的人，对理财一点都不了解，怎么可以去理财呢？如果没有足够白痴足够惰性的理财产品，我们绝不理。”于是，针对客户的需求，懒人理财孕育而生，余额宝——真正的懒人理财，按照官方的解释：余额宝是“支付宝打造的余额理财服务，通过‘余额宝’，客户不仅能够得到收益，还能随时消费支出和转出，像使用支付宝余额一样方便。”2013 年 6 月 13 日“余额宝”上线，五个月后，它的资金规模就超过了1000亿元，成为国内首个突破千亿元的基金。现在“余额宝”可谓是理财市场中最当红的产品，它以小见大，用最零散的方式，成就了“懒人理财”这种模式。2015年9月25日，作为懒人理财神器的余额宝再度升级，正式推出“定期转入转出”这一懒人理财功能，对于有周期性转入转出需求的用户，只需简单设置即能完成操作，帮助消费者更高效地管理自己的闲散资金。有了闲置资金，最明智的做法就是投资理财，现在出现了很多懒人理财产品，例如懒人理财、招财宝、P2P等等，但这也说明在互联网时代，想要取胜的关键还是在于满足消费者的需求。

对于社会发展来说，需要懒人，因为懒人的存在，我们的世界才变得简单，才能取得进步。但是，这个懒人是指懒出想法、懒出风格、懒出境界的人。这样的懒人，能够推动我们的社会向前进步。

5. 用“倒立”的眼光看世界

“创新”对于企业发展来说，是给企业注入的新鲜活力。但是，马云从来都不谈模式的创新，在他看来，企业最好的创新就是满足客户的需求，模式太多，有时并不是一件好事，不能满足市场的需求，那么这个模式就什么都不是。

马云说:“如果一个方案有 90% 的人都说好的话，我一定要把它扔到垃圾桶里去。因为这么多人说好的方案必然有很多人在做了，机会肯定不属于我们。”马云表示创业要用“倒立”的眼光看世界，因为不同，才显得独一无二。正如我们常说的那样，“鸡蛋从外打破依旧是鸡蛋，从内打破就是生命。”

当我们换个角度去看世界时，可能会看到不一样的景色。在创业过程中，若善于用“倒立思维”，便能看到不一样的景色。过于固守僵化的体制，给企业带来的可能是惨痛的教训。微软曾在很多产业都占到第一位，在大家都以为没机会时，Yahoo、eBay 产生了；雅虎强大时，出现了 Google ；Google 无所不能时，FaceBook 崛起；FaceBook 之后又有 Twitter……这说明互联网的未来有很多机会，这些机会在于创新。

在大多数人眼中，马云就是这样一个“怪人”、“异类”，这个怪人有一个绝活叫“单手倒立”。他不仅能单手撑倒立数分钟而面不改色，而且还要求阿里巴巴的领导和员工也练习倒立。马云之所以这么重视倒立，是因为他儿时的偶像是小鹿纯子，小鹿纯子最吸引他的就是遇到困难就倒立。马云认为倒立是化解一切挫折的法宝，当血液倒流时，你会有不一样的感受。阿里巴巴在创办不久，就遭遇“非典”这一不可抗拒事件，在这段时间马云想的最多的就是企业怎么活下来。一次，他看到一幅画上有许多鱼，但有一条鱼却向反方向游，这幅画的名字就叫做“往反方向游，你就是第一”。这幅画也给马云一些启示，“淘宝网要换一个方向”。之后，淘宝就进行了一系列的整顿，慢慢走出阴霾，强大起来。

《福布斯》杂志上曾刊登过阿里巴巴员工倒立的照片，并且称这是阿里巴巴的“招牌动作”。事实正是如此，马云曾给阿里巴巴的员工做了这样一个规定：每个进入淘宝网工作的人员，无论胖瘦、高矮，都必须在三个月内学会靠墙倒立。男性需保持倒立姿势 30 秒才算过关，对女性的要求稍低些，10 秒即可，否则只能卷铺盖走人。倒立不仅能锻炼身体，还可以培养员工面对问题时用另一种眼光来对待的思维能力。“倒立”在阿里巴巴决不是说说而已，马云有时会对企业员工和高管进行定期抽查。有一天，马云让助理前去抽查倒立情况，在淘宝的专门倒立室中，每一个高管在马云面前演示倒立。对没有完成的高管，他丝毫不留情地说道：“限期整改，过段时间复查。”“倒立”现在已经变成阿里巴巴企业文化中很重要的一部分。

“倒立”，从另一个角度看世界，有利于培养企业员工的创新思维、换位思考、多向思考、逆向思维等能力，这是阿里巴巴的宝藏，同样也是马云特立独行之道。马云的倒立，用熊彼特的话说就是“创新”；用汤姆·彼得斯的话说就是“颠覆”；用安德里·格鲁夫的话说就是“唯有偏执狂才能生存”。“倒立思维”可成就不一样的未来。

一切皆有可能

马云有句口头禅：倒立看世界，一切皆有可能。这里的倒立是一种创新思维。面对相同的市场，如何能在众多的企业中脱颖而出？唯有创新才是出路，如果你和大多数人想法一样，那就没有竞争优势。如果你换一个角度思考，那就可能开辟出一个全新的市场。创业也需要出奇制胜，不被常规思维束缚，敢于活出不同。

分众传媒的创始人江南春早在2001年时就已是一家收入几千万元的公司，如果当时江南春止步不前，那么就不会有今天的分众传媒。正是因为江南春对于现状的不满意，在他看来他还可以做得更好，还能够做出更大的成绩。江南春发现一个特别有意思的现象：公司的老板、高管们一般都是直接把车开进公司车库，然后坐电梯进办公室，如果能够在电梯这个有限的空间做广告，专门针对这类人群，那真是再合适不过了。江南春有了大致的想法后，就把自己2000多万的家底拿了出来，在上海的50栋顶级商业楼宇安装了液晶显示屏。但是在一开始时，效果没有他想得那么好，客户们并没有掏腰包投放广告，而是按兵不动。没有广告收入，江南春也无能为力，就这样苦苦撑了几个月。8个月后，江南春迎来了日本软银的第一笔投资，之后高盛、德丰杰等著名风险投资公司相继投资，他的想法得到了大家的认同。创新是一个企业长久发展的动力，江南春的创新思维使他的事业迎来了新的高峰。

在创业的过程中，如果我们换一种思维方式，便会助你走出困局，迈向成功，实现自己的价值。马云让员工学习倒立，就是因为无论是人生还是企业发展，都不只有一条路，要多思考、多用心，不断思考、不断创新，这样的人才可能成功，这样的企业才可以成就其伟大。

6. 立足国内，打进全球市场

在最初创办阿里巴巴时，马云就明确一点："在公司的管理，资本的运作，全球的操作上，要毫不含糊地全盘西化——阿里巴巴要的是放眼世界，挑战世界，打进全球市场。"马云的目标是长远的，也是正确的，但是要实现这个目标需要不断地努力，才可能会成功。

在大多数人看来，马云是一个狂人，爱说大话，但他最终将这些大话变成了现实。马云喜欢自己设立目标，然后朝着这个目标不断前进，有了目标才有了前进的动力。

放眼世界，首先要尊重市场规律，静待时机

马云无疑是一名优秀的领导者，这些年他带着阿里巴巴不断突破自我，最终在美国上市，使阿里巴巴这个名字被全世界人所熟知。

但是在这个过程中，马云也有说不完的艰难与挫折，也曾经高估了阿里巴巴的实力，使阿里巴巴陷入了绝境。

阿里巴巴刚成立不久，其发展速度稳步上升，马云在这时收到了软银集团孙正义投资给阿里巴巴的2000万美金，他感觉公司情况很好，便带着这笔资金和他的团队，开启了阿里巴巴的海外扩张之路。马云的目标是一个国家一个国家地覆盖，从北美洲转战南美洲，再从南美洲杀回非洲，最后阿里巴巴要把胜利的旗帜插在美国纽约。在海外扩张时，阿里巴巴推出的英语网站使其得到了全球的关注，也使马云更加努力地加快海外扩张的步伐。为了和国际化接轨，阿里巴巴的第一站选择了香港，提出的口号是："东方的智慧，西方的运作，面向全世界的大市场。"阿里巴巴力求成为世界一流的企业，马云决定把服务器和技术研发中心放在硅谷。

当时在美国聚集的20多个技术人才的年薪都是六位数以上的，他们的开销比杭州200多个员工的开销还要高。马云为了加快海外扩张的步伐，其日本、澳大利亚的网站都在紧张筹备之中，这些网站每个月的花销都是天文数字，随后不久，互联网经济遭遇了寒冬，阿里巴巴的资金多数已经用在了筹备国外网站上，这让阿里巴巴瞬间陷入资金匮乏的境地。这一年，人们没有看到阿里巴巴的胜利旗帜插在纽约，而是听到马云颓废地宣言：阿里巴巴深陷高度危机之中，只好停下海外扩张的脚步。马云在回忆这段日子时说道："14年前，阿里巴巴才刚刚起步，那时候，我看到了国际化和全球化的未来方向，却忽视了阿里巴巴还不太成熟。于是，我们犯下了大肆扩张的错误，最终不得不停下脚步，大幅裁员和减薪，收缩国际业务。

可是今天，我们已经找到了正确的发展方向，并且做好了充足的准备。我相信，阿里巴巴的下一个增长点，就在国际大市场。”

由于海外扩张严重违背了市场规律，阿里巴巴一度陷入绝境。阿里巴巴所确立发展的目标非常远大，但是却忽视了市场规律。当时的阿里巴巴才刚刚成立，还不具备海外扩张的实力，急于扩张只会害了自己，拖累企业发展。

要放眼全球，但是赢在中国

2014 年 12 月 4 日，马云做客斯坦福大学，有一位学生向马云提问说：“阿里巴巴全球战略未来的计划是什么？”马云回答说：“全球化是阿里巴巴未来发展的必由之路，但是在追逐国际大市场的同时我们也不会忘了根本，我们会告诉自己，要放眼全球，但赢在当地。”马云还深入解释说：“曾经，我们有钱了，就开始犯错，招聘了许多的 MBA，很多跨国公司的副总裁，我们开始讨论全球化了。可是，后来发现，我们那是空有拥抱世界的胸怀，却没有拥抱世界的能力。然而，我们只能回到中国，回到祖国的沿海地区。不过，幸运的是，这一方向性的转变让阿里巴巴获得了成功。”

阿里巴巴虽然致力于国际化，但并没有忘记发展的根本，还是在国内市场，更没有忘记要给中小企业提供服务的口号。阿里巴巴在最初进行海外扩张时，经历了惨痛的失败。如果当时阿里巴巴没有及时改变策略，及时调头将主要精力投入到国内市场，那么对中国市场觊觎已久的 eBay 和亚马逊就会趁虚而入，很可能就不会有今天的阿里巴巴。现在的阿里巴巴虽然已经是全球有名的企业，但在追求更好的发展的同时，没有忘记国内千万家支撑起阿里巴巴大商业平台的中小型企业。阿里巴巴从创业到现在虽然立志做第一，但是从来没有要去做老大，去控股，马云想到的是帮助别人，实现共赢。

企业无论怎么发展，最终还是要回归本土的，阿里巴巴就是这样一个企业，是适合中国经济国情的商业模式。正是因为马云一直秉承着一种在“固本培元”基础上“强身健体”的发展原则，坚持全球化视野，立足国内的大局观，他和阿里巴巴才获得了巨大的成功。

7. 互联网 +：传统经济与互联网的有效融合

从 IT 时代到 DT 时代，从 3G 时代到 4G 时代，从 PC 端占主导的传统网络时代步入以智能手机为主要端口的移动互联网时代。中国互联网正面临着巨大的变革。

2015 年 3 月 5 日，第十二届全国人民代表大会第三次会议上，李克强总理提出制定“互联网 +”行动计划。李克强在政府工作报告中提出，“制定‘互联网 +’行动计划，推动移动互联网、云计算、大数据、物联网等与现代制造业结合，促进电子商务、工业互联网和互联网金融健康发展，引导互联网企业拓展国际市场”。“互联网 +”

一经提出，立刻在互联网市场上引起热议。

传统经济 + 互联网

在 2015 年绿公司年会上“互联网 +”成为热烈讨论的问题，阿里巴巴的董事局主席马云在会上分享了他的观点。马云说：很多企业家都在讲“互联网 +”，还是站在以前工业时代的角度在思考未来，“互联网 +”更多应该思考传统经济加上互联网，这才是未来巨大的机会所在。在马云看来，互联网行业要想长久发展，就需要和传统经济合作。对于传统互联网行业来说，其单纯基于线上的发展模式已接近发展瓶颈，未来的发展趋势势必是线上与线下的深度融合，且是从互联网向传统行业渗透，通过与传统行业协同发展来迅速扩大互联网经济的规模，其发展模式是互联网行业主动向传统行业渗透，对传统行业的业务发展模式与思维模式进行颠覆，进而实现互联网与传统行业的主动、深度的融合。

马云说：“互联网刚刚过去二十年，未来三十年，才是互联网经济发挥巨大作用的时候，而未来三十年的机会在哪里？今天，我们所有人都在思考，互联网冲击了你的行业、你的公司。所以，拥抱变化，你应该改变自己，去适应这个未来。‘互联网 +’对互联网公司来说应该思考加什么，但更多的应该思考传统经济加，应该加上互联网，也就是说互联网加上传统经济，才是未来的机会。”2015 年 3 月，阿里巴巴与美的集团签署了 2015 年战略协议。根据该协议，美的集团在阿里巴巴平台上将完成 110 亿元成交额，并与阿里智能云平台、O2O 渠道建设、数据系统对接等方面进行合作，共同打造

互联网 + 制造业深度范本。对于与阿里巴巴的合作，美的集团董事长方洪波表示："与阿里的战略合作并非单纯地追求电商销售额的增长，而是希望通过两家的尝试，寻找到制造业与互联网企业的更有价值的合作。"阿里巴巴集团首席运营官张勇也表示："互联网 +"是这个时代最大的机会。互联网技术与传统经济的结合将激发中国经济的最大活力。互联网经济在不断地发展扩大，互联网 + 传统经济将会是未来互联网的发展趋势，也将会有越来越多的传统企业寻求线上的发展。

在互联网经济快速发展的今天，互联网已成为连接全国各地各个行业一根必不可少的纽带，未来互联网要做的还有很多，它将会贯穿我们生活的方方面面，对我们的生活产生更大的影响。

互联网 + 下对互联网未来的思考

马云说："未来的三十年，这个世界会面临巨大的变化。所以互联网企业要想活得更久、活得更好，必须把自己变成一个真正普惠的技术，因为互联网本身就是一个普惠的技术，所以这是我们在这种情况下，在座所有企业，如果有一天，你真的希望做到配合和协同作战，真正希望变成十年以后依旧生存、成长、健康发展的企业，要从组织思考、人才思考和文化思考上面，彻底地改变自己。所以我刚才说，任何的转型不是每家企业都是需要转型的，但是每家企业都是要升级的，而真正的升级，就在于人才的升级，思想的升级，文化的升级。"互联网要想在"互联网 +"时代下更好地发展，还要做很多事情，在"互联网 +"下与传统行业取得更多的合作，马云曾经表示，未来三十年属于传统行业，所以互联网经济要与传统行业合作。

“互联网 +”现在还处于发展的初级阶段，它要促进更多的互联网创业项目的诞生，从而无需再耗费人力、物力及财力去研究与实施行业转型。许多的传统行业早在几年前就已尝试营销的互联网化，但多是借助 B2B、B2C 等电商平台来实现网络渠道的扩建。例如，曾经被称为“线下的巨人，线上的侏儒”的沃尔玛因电子商务的冲击，主动出击，与电子商务合作，但是仍有线下企业，因找不到合适的方案来解决线下渠道与线上渠道的冲突问题，依旧停留在信息推广与宣传的阶段，甚至不会、不敢或者不能尝试网络交易方面的营销。而随着“互联网 +”的出现，线上企业与线下企业将会更加融合。在当前“全民创业”时代的常态下，与互联网相结合的项目越来越多，这些项目从诞生开始就是“互联网 +”的形态，因此它们不需要再像传统企业一样转型与升级。

在互联网经济下，“互联网 +”的出现不仅解决了传统行业在互联网经济下的尴尬情况，而且使互联网经济未来的发展更加明亮，不断融入各行各业之中。互联网未来的发展还是要靠企业自身，但是无论企业选择什么样的路，“互联网 +”都是大前提。

8. 未来电子商务一定是社会化的

2014 年 11 月 19 日，马云在世界互联网峰会上，与到会嘉宾分享了他对未来电子商务的看法，马云说：“现在阿里巴巴思考的是，如何再坚持十五年到二十年……阿里巴巴未来考虑的是，如何帮助更多的小企业成长起来，不仅是中国，还有全球……未来电子商务一定是社会化的，没有一家企业能采购全球的货物、自己在全球建物流渠道。”未来互联网的发展趋势是什么样的，我们无法预言，但是要想在变化多端的互联网行业活下去，企业一定要做到与时俱进，时刻关注市场变化，以及互联网发展趋势。

打造一个互联网世界的 WTO

2015 年 1 月，在达沃斯论坛上，马云与美国著名脱口秀主持人查理・罗斯在关于“对话马云——洞察力、新观念”的访谈中，满怀豪情地说：“当初，我们立志要让天下没有难做的生意。如今，我们依然坚持这一目标。我想建一个组织，也许并不明确，但我想称它为 EWTO。”看到这个，你或许能想起马云说过的许多狂言，但是你会相信马云可能真的会实现这个言论，因为他已经通过努力实现了太多预言，他的言论已不再像以前那样遭到大家普遍的质疑。

这次活动刚刚开始售票，就在数秒钟内被一抢而空，创下了历届达沃斯论坛最快的记录，由此可见马云的号召力和影响力。

WTO是世界贸易组织的英文缩写，其前身是成立于1947年的关税贸易总协定，1994年改组为全球性的世界贸易组织，拥有成员国160余个，各成员国之间贸易总额达全球的97%以上，因此被形象地称为“经济联合国”。阿里巴巴要成为“EWTO”，要成为互联网世界的“WTO”。但是要成为这样一个全球性的互联网组织，阿里巴巴需要走的路还很长。

阿里巴巴确实具备成为互联网界WTO的资格，回顾其发展历程，在最初创业时，马云就曾进军美国，并豪言壮志地说“要把阿里巴巴的旗帜插在美国华尔街”，虽然当时的马云失败了，但是他及时吸取教训，调整方向继续努力，最终在美国上市，实现了最初的梦想。这几年阿里巴巴的脚步遍布世界各地，截至2014年11月11日，在阿里巴巴的版图上，共有217个国家和地区的图标被网购狂欢节的参与者点亮，七大洲中，除南极洲外，均有网民参与到这场购物盛宴中。马云想要打造世界性电子商务平台的野心展示在他所走的每一步上，正如他所说：“阿里的使命决定了公司不会成为一家商业帝国。我们坚信，只有打造一个令所有成员都有能力充分参与其中的生态系统，才能够真正帮助我们的小微企业和消费者。如今，互联网可以帮助小企业跨越大洋和大洲、打破国家边界销售产品，这是一个千载难逢的机会。只要阿里巴巴坚持做下去就一定能够成为与WTO一样的世界平台。”

未来的电子商务一定是社会化的，是人人参与的，电子商务把消费者和世界各地的卖家联系在了一起，不出国门，你就可以买到世界各地的产品。马云想要打造的这个互联网世界的 WTO，把消费者和销售者联系得更加紧密，在消费者和销售者之间形成了一个闭环的圈子，这个圈子成就了阿里巴巴。

社会化媒体营销

2012 年 12 月，在中国经济年度人物颁奖现场，马云与王健林“上演”激辩，王健林 1 个亿约赌马云，原因是马云认为电商在未来将会基本取代传统商业。他说：“电子商务今天不是模式的创新，而是生活方式的变革。很多人看成是商业模式，事实上它在影响一代一代人。电子商务今天一万亿只是刚刚开始，现在所做的只是对传统零售渠道的变革，未来三年、五年，将进入生产制造的变革，直到影响生活方式的变革。”在马云看来，电子商务的未来会越来越深入人们生活中的每个角落，企业家们应该提前做好准备，应对电子商务的社会化。而王健林对此并不认同，于是二人约赌。

随着电子商务不断发展，以及越来越多的社交软件的出现，电子商务与社交媒体开始了合作，与传统模式下的电商营销不同的是，不再是漫天撒网式的营销方式，而是借助社交媒体的优势进行电子商务的宣传。

电商企业要根据服务对象选择有针对性的社会化媒体，目前主流的社会化媒体包括微博、微信、NSN 社区等，在这些媒体上建立帐号或者页面，然后通过互动的方式与消费者进行产品宣传。社会化媒体的互动特性可以拉近企业与用户之间的距离，互动性曾经是网络媒体相较传统媒体的一个明显优势，但是直到社会化媒体的崛起，我们才真正体验到互动带来的巨大魔力。

在互联网社会中，每一天都是信息大爆炸，网络强大的功能和包容性带来了海量的信息，为社会化媒体营销提供了新的平台。社会化媒体营销可以对产品进行精准定位，依靠互联网强大的用户，而且通过社会化媒体营销的方式，使信息传播得更快，社会化媒体营销使消费者更加直观地看到广告效果。在我国虽然社会化媒体营销起步很晚，但是其发展速度却有雷霆万钧之势。

随着互联网经济的不断发展，互联网经济与各行各业都会产生紧密的联系与合作，将来的电子商务是建立在广泛的使用人群之上，使互联网真正实现社会化。这将在给消费人群带来极大便利的同时，也改变着社会生产结构，并最终推动社会进步。

NO.9

用胸怀，赢人生：

马云谈处世哲学

1. 格局：“格”是人格，“局”是胸怀

马云说：“格局，‘格’是人格，‘局’是胸怀，细节好的人格局一般都差，格局好的人很少注重细节，做企业是赢在细节，输在格局，两个都干好，那叫太有才。”他同时指出，细节能成就一个人，或一家企业。但如果没有包容的胸怀，细节对成功则不再具备推动力。

一个人成就的大小取决于这个人格局的大小，一个人的格局取决于这个人的胸怀。这就要求企业管理者要想有明确的格局观，首先得有胸怀。

企业的大局观

我们听到过这样的故事：一个整天在街头乞讨的乞丐，如果他对路上衣着光鲜的路人毫无感觉，反而嫉妒比自己乞讨得多的乞丐，那他这辈子就只是一个乞丐。正如一句谚语所说的那样，再大的烙饼也大不过烙它的锅。这就暗示了，我们无论是在生活中还是事业中，常常会受到限制，而这个限制就是格局，你的格局太小，你看到的就只是你眼前的东西，那你就永远都走不出自己的小圈子。同样，对于企业家来说，只有格局大了，企业未来的路才更宽，企业

才能走得更远。

曾提出“格局决定结局，态度决定高度”这一理念的是《财富》杂志的主编吉夫科文，他就此延伸总结道：“企业家的格局决定企业的格局，企业家的高度决定企业的高度、远度。”由此看来，格局对于企业发展来说是至关重要的。有很多人这样描述通用电气的前董事长兼首席执行官杰克·韦尔奇：格局不凡、眼光长远、追求长远等。通用电气之所以能够在电气业界享有盛名，正是因为韦尔奇打破了企业多元化发展的束缚。

马云曾经说：“脑子里整天想钱的人成不了企业家。道理简单，又很深刻！心胸决定格局，眼界决定境界。”所以说，企业家的胸襟与格局，决定了企业发展的张度。

用最大的胸怀包容

有这样一段话：“大事难事，看担当；顺境逆境，看襟度；临喜临怒，看涵养；患得患失，看智慧；做大最小，看格局。”许多人之所以能成功就是因为他们在还是小人物时就开始构筑大格局。正所谓大格局，指的是拥有开阔的胸怀，容纳远大的理想，设立长远的发展目标，以发展的、战略的、全面的眼光看问题。马云曾说：“胸怀是非常重要的，一个人有眼光没胸怀是很倒霉的，《三国演义》里的周瑜眼光很厉害，但胸怀很小，所以被诸葛亮气死了。‘宰相肚里能撑船’，说明宰相怨气太多了。像周总理每天日理万机，他不可能每天跟人解释，只能干，用胸怀跟人解释。每个人的事实是靠冤枉撑大的。”

马云在年少时就很佩服邓小平同志，在他看来，邓小平在“文革”时期，蒙受冤屈，“三起三落”，依旧在坚持，后来又提出了具有前瞻性的改革开放，即使自己有万般委屈，也还是积极地为祖国的未来谋发展。邓小平以博大的胸怀带领中国走向了繁荣富强。马云在收购雅虎后开始的权力下放行为，让所有人都觉得不可思议。对此行为，马云解释说：“我要用最远的眼光看，用最大的胸怀去包容。”关于为什么要下放权力，马云说道：“以前我自己拿着斧头往前冲，到后来指挥下面的兵马往前冲。以前睡两三个小时，起来就往前冲，没有累的感觉，有的是精力。现在突然发现，精力、体力跟十年以前不一样了，跟年轻人去拼，可能会像老将黄忠一样一刀被杀了。我们凭的是经验、胸怀和眼光。年轻人精力、体力、智力都比你强，他们可能干得更好。我强迫自己和原先所谓的高层团队全部脱离。我觉得自己过渡得还可以。当然，我放手的时候，知道已经没有大问题。看不出来有人可以打败淘宝，更看不出来有谁能在三五年内灭了阿里巴巴。”

企业就如同一潭水，如果只进不出的话，那么这潭水迟早会变成死水。企业要想取得长远的成功，要有大胸怀，“海纳百川，有容乃大”说的正是这个道理。企业的持久发展既需要有大局观，又需要用最大的胸怀去包容，这样才可能战无不胜。

2. 成功需要一股傻劲

马云说：“第一次创业的时候，你想做什么，到底要做什么？不要受外界影响，你自己确定你今天就是要做这个事情。你想清楚之后，要永远坚持这一点。我认为人一辈子都在创业。以前深圳有一个口号叫作‘二次创业’，我不太同意这个，同一批领导是没有办法二次创业的，因为从第一天创业开始你就一直在创业。”创业从来都不是一件容易的事情，它不是一朝一夕就能成功的，也不会立刻就看到成果，创业是有风险的，创业路上遇到的艰难险阻都是未知且痛苦的。创业路上，需要长久地坚持。

成功需要一股“傻劲”

树立目标很容易，但是能持之以恒坚持下来最终实现目标的人却很少。在变化多端的互联网行业中，坚持更是一件难上加难的事，而马云便是坚持下来的人。在马云看来既然选择了创业，那就应该坚持做下去。阿里巴巴在发展的这些年中，一直在坚持最初建立时所确立的目标，并不断扩大自己的商业版图。也正是马云这种“打不死就坚持下去”的精神才有了今日的阿里巴巴。马云说：“有的时候傻坚持要比不坚持好很多，如果空有理想，没有坚持，理想将变成一种痛苦。”马云的这种“傻坚持”变成现在时刻彰显的睿智。

在最初做英语老师时，马云就经常被浙江一些做外贸生意的民营企业邀请去做他们的英语翻译，但是由于工作量太大，他想到了学校有一些退休的老教师，可以联合这些资源，成立一个专业的翻译机构，这既可以减轻自己的负担，也可以让这些老师赚些外快。不久，马云就把自己的想法变成了现实，他和朋友在杭州注册成立了一家专业的翻译机构——海博翻译社，这是杭州第一家专业的翻译社。但是这个新成立的翻译机构并没有很快被市场所接受，成立一个月的海博翻译社，仅仅赚了 700 元。面对海博翻译社的现状，许多人劝马云放弃，还有人在不断地泼冷水。“马云，你真是犯傻了，安安稳稳地当大学老师多好，瞎折腾什么啊？”当时和马云一起创业的合伙人也有些动摇了，但是他却一直坚持：一定要继续做下去，一定不能放弃，一定能熬过去，光明一定会来临的……马云为了解决收支问题，去义乌商品城批发了一些小杂物来卖，海博翻译社就变成了“海博杂货店”。马云就是靠这些杂物养了海博翻译社 3 年，这个原本奄奄一息的翻译社就这样奇迹般地存活了下来，渐渐地开始盈利了。现在的海博翻译社已成为杭州最大的专业翻译社，也正是马云的这种“傻坚持”才有了今日的海博翻译社。

坚持是一种良好的品质，在企业竞争中，即使没有足够的实力，但是有坚持的精神，企业就有翻盘获胜的可能。坚强的毅力是最宝贵的财富。“傻坚持”的马云使海博翻译社成为杭州第一家也是最大的翻译社。在创业路上，有很多人没能成功，可能缺少的就是这种“傻坚持”。

不断地坚持，才能成功

马云在一次参加央视的《对话》栏目中，谈及2002年互联网寒冬时说：“所谓冬天长一点，春大才会美好，细菌都死光了，边上的声音、噪声都会静下来，这时候我还站着，我就会成为所有投资者最喜欢的，也会成为整个互联网界最喜欢的人。所以我们那时候是自己给自己安慰。我们在2002年的关键词是坚持到底，就是胜利。”最后马云坚持了下来，阿里巴巴在一时间声名鹊起。

在最初时马云放弃了原本做得很好的大学英语教师一职，开始了互联网创业。马云在之前就曾经预测过，他说：“中国电子商务的产业格局将会产生巨变，一个新的互联网应用人群——‘网商’将会成为互联网的中坚力量，中国互联网将会从‘网民’和‘网友’的时代转为‘网商’的时代。而阿里巴巴的责任便是尽快将中国互联网带入到‘网商’时代。”

当时的中国，人们对互联网还不是很了解，普通认为马云是在说大话。在最初决定做互联网时，马云就遭到身边很多朋友的劝阻，这次同样如此，依旧不被人看好。但是他坚持了下来，在最初做阿里巴巴时，马云就预料到中国迟早会加入WTO，所以他希望阿里巴巴能成为链接国内外企业的一个平台，帮助中国企业出口，帮助国外企业进入中国。马云通过观察中国的市场情况，发现中小企业和民营企业应该是被帮助的对象。确定了帮助对象之后，阿里巴巴每天的会员都以一两千的速度增长，这些变化很快便给阿里巴巴带来了盈利。而互联网也如马云所预言的那样得到了更多人的重视，互联网市场不断壮大，中国电子商务的格局随之发生了翻天覆地的变化。

“打不死就坚持下来”是马云常常放在嘴边的一句话，坚持了就可能成功，但是不坚持永远不可能成功。在马云看来，坚持是一件很重要的事情。失败也只是一时的失败，并不代表你永远都失败；成功也只是一时的，并不能说明永远都能一帆风顺。只有不断地坚持，才能走向成功。

3. 心态决定姿态，姿态决定状态

雨果曾说过:“世界上最宽阔的是海洋，比海洋更宽阔的是天空，比天空更宽阔的是人的胸怀。”同样在企业的发展中，胸怀对于企业管理者来说十分重要，只有豁达大度的人才能站得更高，看得更远，有这样豁达态度的企业才能够走得更远。在马云看来，管理者要有好的心态，因为“心态决定姿态，姿态决定状态”，拥有好状态的企业才能拥有更好的前程。马云更是以身作则地展现了企业管理者的大胸怀。

男人的胸怀是用委屈撑大的

太平洋建设集团主席严介和说：“高层看胸怀，中层看德行，基层看才能。胸怀决定格局，眼界决定境界，视野决定事业。”美国管理学者阿里·德赫斯说：“能长期生存的公司都是宽容的公司，宽容的公司才会长寿。”一个企业的领导者如果没有包容一切的气度，便很难带领企业走向成功。

马云的名字如今已响彻全球，风光无限，不仅成为创业者心中的“创业教父”，还多次被哈佛、斯坦福、北大等众多世界名校邀请前去演讲，之后又被布莱尔、克林顿邀请共进午餐，甚至还上了《福布斯》杂志的封面。现在的马云在大家看来可谓是名利双收，但在最初创业时，他为了推销中国黄页对企业挨家进行拜访，还被人认为是骗子。几乎每个成功人士都会经历这样心酸的过程，他们所走的每一步都布满了心酸和泪水。可是他们没有被困难打倒，反而越挫越勇，在困难中不断学习成长，最终离成功越来越近。

马云年幼时曾因爷爷是国民党的保长，被划分为“黑五类子女”，他自小在同伴的欺负与轻视中成长起来。那时的马云就有忍气吞声的英雄气概，因为他不想惹是生非，更不想让家人失望。

马云说：“男人的胸怀都是被委屈撑大的。”马云就是这样一个心胸广阔的企业家，也是因为他的人格魅力，很多优秀人才放弃原来的高薪，纷纷投奔，和他一起并肩作战，最终成就了一个伟大的商业帝国。

永远用乐观的眼睛看待这个世界

马云在杭州师范大学演讲时说道：“这个社会让你改变不少，但只有真正地改变自己才能改变未来。不管发生什么事情，要相信明天会更好。当一个企业的管理者，不仅仅是管理好企业的经营运作，给员工发工资那么简单，还要成为企业的核心领袖和精神灵魂，所以管理者要保持一种乐观的精神，这样才能让员工充满奋斗的动力。”

因为乐观，马云很有自信，他为阿里巴巴的发展制订了许多目标和计划，这些目标和计划在许多人看来是异想天开，但是马云就是凭借自己的乐观精神带领着阿里巴巴的员工，把不可能变成了现实。在“互联网冬天”时，很多人都不看好阿里巴巴，认为它肯定熬不过“冬天”，会倒闭，但是马云依旧乐观自信，同时傻傻地坚持，最后和同事们携手走出了困境，迎来了更好的发展机遇。马云说：“开心是一种投资，你开心就要和别人分享，然后有一天会还回来。如果你在创业的第一天就说，我是来享受痛苦的，那么你就会变得很开心。……我把所有倒霉的事情都当成快乐去体会，所以遇到任何麻烦的时候，我都当是给我练功力的地方，看我能不能挺过去。如果真的有挺不过去的那一刻，我就睡一觉，第二天早上又是新的一天。其实创业者只有乐观地创业，才能走得久远。”因为马云的乐观，阿里巴巴一直都是一个快乐的企业，无论阿里巴巴面对什么样的困难，乐观都会给予他们勇气和力量。

乐观是一种很好的品质，在乐观的管理者眼中，处处都是企业发展的机会，他们能在逆境中逢生，在面对困难时不退缩。所以对于管理者来说，特别是在创业初期，更需要用乐观的心态面对一切困难，带领企业走过沟沟坎坎，走向未来。

4. 因为信任，所以简单

马云说：“因为信任，所以简单。”对于企业管理者来说，需要能够换位思考，将心比心，实实在在地为消费者考虑。企业有了这份信任，就有了市场，就能越走越远。

诚信是最大的财富

在当今的市场经济中，诚信不仅仅是一种道德规范，更是在商场中为企业带来经济效益的重要来源。企业的信用是企业发展的一种隐形商品，在某种程度上它甚至代表了企业的品牌号召力。正如马云所说：“我一直坚信，诚信是有价值的，是可以变成钱的，诚信是最大的财富。”马云非常重视诚信问题，在他看来，因为与客户和消费者之间的信任，一切都变得简单和明朗起来。

淘宝网在刚刚成立时，我国的电子商务还未成型。电子商务整体行业内部十分混乱，首先是电子商务之间竞争混乱，其次是当时的行业内没有规范的交易规则，导致大家无规可依。这些混乱现象导致的最严重的结果就是买家和卖家之间的信用问题。这一问题严重困扰和制约着电子商务的发展。经过广泛考察和深思熟虑后，马云想到了推出第三方作为担保者来介入淘宝买家和卖家之间，以此达成交易。于是，第三方交易平台——支付宝应运而生。当时马云采取了独特的营销策略，他借助电影《天下无贼》的捆绑使支付宝很快被中国的老百姓所熟知。支付宝的广告语就是“因为信任，所以简单”，支付宝致力于为中国电子商务提供“简单、安全、快速”的在线支付方式，始终以“信任”作为产品和服务的核心理念，这有效地解决了淘宝在发展中面对的支付问题。不仅从产品上确保用户在线支付的安全，同时还让广大用户因为支付宝而建立起了双方信任的关系。通过支付宝建立起的信任关系，让购物从繁到简。支付宝在不到六个月的时间内迅速成为全世界领先的第三方支付公司之一。正是因为马云对于企业信用的重视和对原则的坚持，支付宝才能够腾空出世，马云清楚地知道，在互联网行业中，如果失去了信任，企业也就失去了生存的土壤。如果信任体系建立起来，一切交易将会变得十分简单。

信任让企业走得更远

在商业行为中，假冒伪劣产品一直都是市场中令人头痛的事，并且屡禁不止。目前在中国约有 35% 的企业被假冒伪劣产品侵权，此类产品的年均产值高达 13000 亿元。因为假冒伪劣产品给社会带来了极坏的影响，这种行为对于企业和消费者来说都是一种严重的侵权。诚信是现代企业发展的根本，在当今的市场环境中，诚信被放到了一个更加重要的位置。企业的诚信是消费者信任的前提，有诚信的企业消费者才愿意消费它的产品。

中国传统的中药店是一个医疗和药品售卖的集合体，一般的宣传都是妙手回春，强调医术高明，但同仁堂的理念是：炮制虽繁必不敢省人工，品味虽贵必不敢减物力。同仁堂，是国内最负盛名的老药铺，始建于1669年，至今已有300多年的历史。同仁堂因其良好的口碑遍布世界各地，更是被推荐为中国最具冲击世界品牌的16家企业之一。同仁堂之所以能有长久的生命力，与其不变的职业操守有关，同仁堂始终将“不敢减物力、不敢省人工”放在第一位，并把“诚实守信”作为其经营道德观。在新市场经济条件下，诚实守信是对一个企业最基本的职业道德要求，更是同仁堂不变的职业操守。同仁堂把这种职业精神落实到企业的每一个角落，并用多种教育方法，采取有效措施，通过整章建制，规范员工行为把诚实守信落实到实处。也正是同仁堂诚实守信的道德规范，为其带来了长久的发展，这是所有竞争者都无法超越的优势，百年老店，金字招牌，诚信成就。

马云说：“我觉得诚信是最关键的一样东西。你想要成为一个优秀的商人、一个优秀的企业家，就必须有一样东西，那就是诚信。诚信是基石，最基础的东西往往是最难做到的。但是谁做好了这个，谁的路就可以走得很长很远。”我们常说：“人无诚信不立，家无诚信不和，业无诚信不兴，国无诚信不宁。”对于企业来说，诚信无疑是一种无形的武器。一个企业如果没有信誉，那么就无法长久立足。

5. 想成功就要疯狂一点

很多时候，马云被人视为一个“疯子”、“狂人”，这十分形象地说明他在创业上的“疯狂”。马云本人也承认自己是疯狂的，但他说过：“我疯狂，但决不愚蠢。”正是马云一个个疯狂又不愚蠢的行为，让阿里巴巴迎接了一个又一个让人难以置信的挑战，给阿里巴巴带来了一次又一次的成功。

想成功，创业者就是要“疯癫’

马云说：“如果大家想成功就必须疯狂一点，你必须有很大的梦想，要有精神，并且要有很好的战略。”在马云看来创业者要疯狂一点才能取得成功，如果企业只是循规蹈矩地寻求发展，那么会丧失很多机会，放缓走向成功的步伐。有一次马云问孙正义：“为什么十多年前雅虎还很弱小时，你就决定投资 1 亿美元到雅虎，然后 6 分钟又决定了给阿里巴巴投资 2000 万美元？”孙正义说：“我觉得你和杨致远一样的疯狂。”正是马云的这种“疯癫”，给阿里巴巴带来了无数个转机及全新的未来。

互联网是马云在不经意间接触到的，之前作为英语教师的他对互联网丝毫不懂，但他并没有因为不懂而放弃，他被互联网吸引了，便毅然决然地选择做互联网。马云想要做互联网的行为，被朋友们认为是“疯子”。也正是因为他的“疯狂”，才有了全球闻名的阿里巴巴，这样一个伟大的企业。从阿里巴巴成立开始，马云的“发疯”行为就不断出现，在阿里巴巴需要投资时，软银公司的孙正义给了3000万美元，可马云却提出只要2000万美元，不然，就取消这次合作，面对如此不按套路出牌的马云，孙正义丝毫没有办法，只好答应了他的要求，把投资资金减少到2000万美元。在阿里巴巴做得风生水起时，马云又提出要进军C2C市场，这个在所有人看来都会以失败而告终的举动。马云却赢了，这让所有人大跌眼镜。随后淘宝在不到两年的时间迅速占领了中国C2C市场70%的份额。马云的“疯狂”依旧在继续，不断给阿里巴巴带来新的机遇和发展。

马云的疯狂成就了现在的阿里巴巴，疯狂的人具有不妥协、不放弃的精神，他们认定的事情会坚持到底。一个“疯狂”的人很难在某个平衡状态保持下去，这就导致了“疯狂”的人往往是企业发展的创新者，不断地打破平衡，才能够不断地进步。但要想像马云一样“疯狂”，先要像马云一样修炼好自己的“内功”。

想成功，就要做坚持的“偏执狂”

马云非常推崇英特尔前任CEO安德鲁·格鲁夫的书《只有偏执狂才能够生存》。什么样的人是偏执狂，葛洛夫在书中提到马克·吐温和他的名著《傻瓜威尔逊》:“愚蠢的人不要把所有的鸡蛋放在一个篮子里；而聪明的人却说，把你的鸡蛋放在一个篮子里，然后看管好那个篮子。”这就是偏执。安德鲁·格鲁夫也曾经说过:“唯有‘偏执狂’才能生存。”这句话放在马云身上再合适不过了。有人说马云是一个冒险家，有人说马云是一个偏执狂。事实上，他只是一个偏执的敬业者。他在做每一个决定时所表现出的冒险和偏执，都源于他的敬业精神。事实证明，想要成功就需要疯狂一些，马云近乎于疯狂的敬业带领阿里巴巴走向了成功。

这些偏执狂让我们生存的这个世界变得更加丰富多彩。微软的比尔·盖茨之所以成功，是因为他对电脑软件的偏执；百度的李彦宏之所以成功，是因为他对中文搜索的偏执；阿里巴巴的马云之所以成功，是因为他对电子商务的偏执。在中国互联网市场还不成熟时，马云就觉得与其在市场中大把大把地扔钱，不如把钱花在企业和员工的身上。在马云看来，阿里巴巴并不是缺钱，而是在互联网的寒冬时期，也能不急不躁，继续偏执地修炼内功。他还说，当一项决定有 80% 的人支持时，他绝对不会采用，正是马云这种对于创新的偏执，让阿里巴巴更加独特，不可超越。

马云用了 10 年，用自己的偏执和创新打造了阿里巴巴，执着地为中国无数个中小企业谋取发展机遇；网易用 6 年打造了中国第一个上市行业网站；吴志祥用 4 年的时间打造了同程网；梁建章用 10 年打造了在纳斯达克上市的携程网。正是因为这些人的偏执，社会才得以不断进步。

6. 昨天你对我爱理不理，明天我让你高攀不起

2014 年马云在纽约华尔道夫饭店举行 IPO 路演活动时说道："15 年前来美国要 200 万，被 30 家 VC 拒绝了。我今天又来了，多要点。"马云说完这句话后，引起现场一阵大笑。人们的笑声中包含更多的是刮目相看，阿里当天的 IPO 路演在华尔道夫·阿斯托里亚酒店的 18 层召开，原本预计会有大约 500 名投资者参加首站路演，但最终参与人数达到 800 人。据现场采访的记者讲述，一些人被挤到了会议室外厅，而等候电梯上的投资者排成长队，很多人担心无法准时抵达会场。

马云用实际行动证明了神话往往是从笑话开始的，奇迹往往由疯子创造这段经历被网民总结成一句话："昨天你对我爱理不理，明天我让你高攀不起。"这句话也成为 2014 年最流行词汇之一。

让你高攀不起

2014 年 9 月 19 日，阿里巴巴正式在美国上市，在阿里巴巴提交的阿里巴巴集团 5 月 6 日（美国时间）正式向美国证券交易委员会提交 IPO 招股书，计划融资 10 亿美元，IPO 规模可能增加到 200 亿美元，那将是美国史上最大 IPO。而招股说明书显示：阿里巴巴

由软银持股 34.4%，雅虎 22.6%、马云 8.9%、蔡崇信 3.6%。为此，阿里巴巴为最大股东日本软银带来巨额账面收益。在阿里巴巴成立没多久，软银的孙正义只用了 6 分钟就决定给马云投资 2000 万美元，只因孙正义“看见了马云眼里的光芒”、“觉得马云和杨致远一样疯狂”。在之后的两年里，孙正义又分别追加了 3.5 亿和 10 亿美元给马云做免费的淘宝和阿里巴巴。就这样孙正义成为名副其实的马云“背后的男人”。也正是因为孙正义的投资，阿里巴巴才没有资金方面的困扰，而今日阿里巴巴的成功，也证实了孙正义的投资眼光，这样的合作实现了真正的双赢。

然而，当时的名人熊晓鸽（全球著名投资机构 IDG 亚洲区总裁）、马化腾（腾讯董事会主席）、冯仑（万通控股董事长）等人都对没有成为阿里巴巴背后的那个人，感到后悔遗憾。IDG 亚洲区总裁熊晓鸽曾在网商大会上公开表示：“IDG 在中国投了很多互联网公司，包括百度、携程等，居然就把阿里巴巴给漏掉了，这是我们最大的失败。”熊晓鸽曾向媒体毫不掩饰地表达他的遗憾，他说：“日本软银为首的风投组合在第一次投资之后便一直是马云的座上客，我们 IDG 已经迟到了。而马云为了增强风险投资商的信心，2005 年收购雅虎中国业务，并用阿里巴巴 40% 的股份换回 10 亿美元现金，则彻底关闭了阿里巴巴面向我们 IDG 的融资大门。”这个被称为马化腾、李彦宏背后的男人，却唯独不是马云背后的男人。阿里巴巴还很弱小之时，腾讯已做得风生水起，当时的马化腾也有投资阿里巴巴的机会，但由于当时的他对淘宝还不是很赞同，与阿里巴巴失之交臂。而对于被业内称为是企业家的“投资家”的冯仑，也没有预料到阿里巴巴今日的成功，2013 年底冯仑接受媒体采访时说："当年马云找投资的时候，我们投了他的竞争对手 eBay（易趣），当时确实是易趣强、马云弱，结果最后看走眼了。"

创业本来就是一件说不清结果的事情，市场变化莫测，非人力所能掌控。而对于马云这样一个半路出家的草根企业家来说，很容易就被人轻视，而他却靠自己的努力，成为自己想要成为的人，做着自己想做的事情。而那些没有慧眼识珠的人只能在一边懊恼。

被轻视的力量

俞敏洪在参加一次演讲时讲了一个故事：能够到达金字塔顶端的只有两种动物，一个是雄鹰，靠自己的天赋和翅膀飞了上去；另一种动物就是蜗牛，一点点爬上去的。我相信蜗牛绝对不会一帆风顺地爬上去，一定会掉下来，再爬，掉下来，再爬。但只要爬到金字塔顶端，蜗牛所看到的世界、收获的成就，跟雄鹰是一样的。俞敏洪在讲完这个故事之后说："到今天为止，我一直认为自己是一只蜗牛，一直在爬。只要你在爬，就足以给自己留下令生命感动的日子。我常常说：如果我们不为自己留下一些让自己热泪盈眶的日子，那你的生命就白过了。"

在俞敏洪看来，蜗牛虽然爬得很慢，但它一直都在朝着自己的目标前进。这跟俞敏洪的人生很相似：俞敏洪参加了三次高考，最后一次还不清楚自己能不能考上，最后考入了北京大学西语系。俞敏洪在三次报考的过程中，被家乡的人看不起，因为他考了两次都没有考上，但也正是这种轻视，让他更加努力。之后，俞敏洪的创业经历也是十分艰辛。俞敏洪为准备出国留学的资金，到外面兼职授课，被学校发现并给了处分。最后，他知道自己待不下去了，在同学们异样的眼光中，离开了北大，自己创办教育机构。因为资金有限，这个教学机构没有受到大家的重视，相反还受到很多鄙视。在这种鄙视和质疑下，俞敏洪攀登了一个又一个的高峰，如今已成为众所周知的成功人士。

也许很多创业者都经历过这样一个时期：没人理睬、被人轻视、陷入困境等等，但是有的人放弃了努力，平庸一生；而有的人选择隐忍坚持，最终在成功的路上越走越远，让那些轻视过的人高攀不起。

7. 能进能退，学会放弃

创业者在创业时，失败是不可避免的，但是只有清楚自己想要什么，才会少走弯路；知道自己什么时候该放弃，什么时候该坚持，才会成功。坦然接受一切逆境和艰难，坚定地继续寻找机会，人生必将丰满成功。

能进能退方为大丈夫

被拒绝，应该是职场人士经常遭遇的情况。面对被拒绝，通常会出现两种选择：有的人在被拒绝之后丧气了，无所适从，不再努力；有的人在被拒绝之后更加努力，不断学习，不断充实自己，让自己强大起来，从而寻找更好的机会。失败时、被拒绝时依旧有勇气向前走，能够及时调整心态，这是一个优秀创业者必须具备的心态。

刚成立没多久，阿里巴巴就遭遇了互联网的冬天。当时的阿里巴巴正在进行全球性的布局和扩张计划，这让阿里巴巴雪上加霜，几乎陷入绝境。当时已有不少互联网企业因此次危机而倒闭。马云意识到必须采取一些果断的措施，才能使阿里巴巴安全渡过这次危机。马云宣布进行裁员，这次裁员也是全球性的，阿里巴巴办事处由原来的 10 个变成 3 个，国际人才撤掉了 90% 以上。阿里巴巴在当时需要面对的不仅有眼前的危机，还有来自媒体的质疑和打击。面对这次危机，阿里巴巴公司内部的中高层也很悲观，认为公司很难走出这次危机，但是在马云看来，事情还没有到最坏的时候，应该再坚持一下。马云也有过消沉的时候，之后他回忆说："2000 年我们已经进入冬天了。我们把西部办事处关了，美国办事处很多人我们请他们离开了，中国办事处很多人也都离开了。2001 年，我又一次挺失落，在长安街上走了 15 分钟。那天下午回到房间里睡了两个小时，然后起来说：重头再来。"短暂的失败并没有削弱马云的斗志，反而让他越战越勇。马云说："如果你认为我是疯子，请你离开；如果你专等上市，那么请你离开；如果你带着不利于公司的个人目的，那么请你离开；如果你心情浮躁，那么请你离开。"马云开始卧薪尝胆，寻找盈利的办法，最后阿里巴巴启动了"诚信通"计划，使阿里巴巴暂时摆脱了资本危机。

真正的成功者有进可攻，退可守的能力。为了阿里巴巴的生存，马云选择进行大规模的裁员，正因为有了退出的这一步，才有了阿里巴巴今天的成就。马云正是从之前的挫折中学习到了优秀品质，认为事情还没有更坏，还可以坚持，那就再坚持一下，所以才有了不一样的结果。

学会放弃的时候才刚刚开始

2012 年 2 月 21 日，阿里巴巴集团宣布向上市公司阿里巴巴 B2B 提出私有化要约，其最终回购价为 1.3 港元。马云之所以这么做，是出于电子商务发展的需要，因为当时国内 B2B、B2C 行业竞争非常激烈，对阿里巴巴来说需要寻找新的盈利点，电子商务必须在现有的模式上进行创新，要完成转型就要进行“二次创业”。马云说：“就像当年上市是阿里巴巴发展的起点而不是终点。B2B 的同事们，全体阿里人，我们身上肩负的责任没有变，我们要继续服务中小企业。要真正实现‘让天下没有难做的生意’这一使命，我们就必须改变自己。在阳光灿烂的日子里修缮屋顶，只有敢于放弃今天的成功，我们才可能更上一层楼。”马云预料到在未来的发展中 B2B 业务会受到影响。现在来看，B2B 公司的私有化在当时还是非常合时宜的。马云是一个非常懂得放弃和敢于放弃的人，因为他清楚地知道有时候放弃会是一条全新的出路。

说起唐骏，我们想到的是他“打工皇帝”的称号。1990 年，唐骏赴美并在此期间开始创业，先后创办过 3 家公司。1994 年，抱着“偷师学艺”的想法，唐骏放弃自己的 3 家公司，加入微软公司，成为一名基层技术员。经过几年努力，唐骏加入微软公司美国总部，先后担任微软全球技术中心总经理，微软中国公司总裁。2008 年唐骏以十亿身价转会新华都集团出任总裁兼 CEO。2013 年 1 月卸任新华都董事长兼 CEO。打工 20 年，从千万年薪到 4 年赚 4 亿，他为什么最后放弃创业选择成为职业经理人呢？面对这个问题，唐骏回答道："微软是一家伟大的公司，我学到了很多东西……创业是成功之路，但不一定适合所有人。"在唐骏看来，我们需要放弃，钻牛角尖是愚蠢的人的做法。能进能退，给唐骏带来了全新的发展机会，进入微软这样一流的企业，对于唐骏的人生是一种锦上添花，放弃创业，对于他的人生是一场全新的开始。事实证明有时适当地放弃未必会给我们带来损失，反而会是全新的机会。

坚持和放弃是一对矛盾体，对于企业的长期发展来说，有时候适时放弃也是一种新的开始。企业需要在不同的情况下，做出正确的选择。有时候，敢于放弃、勇于放弃是一种智慧，是一种魄力，也是一门必修课。

8. 成功创业者的三个因素：眼光、胸怀和实力

对于企业发展来说，创业者的能力非常重要，甚至是决定企业兴衰的关键。创业者如果不具备企业发展需要的能力，那么企业将寸步难行。成功的创业者应该具备哪些素质呢？正如马云所说："一个成功的创业者需要三个因素：眼光、胸怀和实力。"这三个要素缺一不可。

领导力是企业制胜的关键

马云在《赢在中国》中回答记者提问时说："恭喜各位抓住每一次能够抓到的机会，但是我更想跟这次失去机会的人讲几句，我觉得我们其实一样，从小到大我从来没有一次有这么好的运气。小学考重点中学，没考上，考大学又考了三次，几乎所有的竞赛、评选我没有一次有机会……我自己觉得我从1995年开始出来创业，到后来接触互联网，我都没有想到互联网会发展到今天这样，谁都没想过。但是那时我有一个希望、有一个信心，如果不可以，我把它变成可以，那时候没有一个投资者愿意给我们投资，也没有人看好过我，从来没有人说过马云你可以，但我知道如果我努力就可以，如果我不努力，一点机会都没有。所以，也想跟所有人分享，在我看

来一个成功的创业者要有三个因素——眼光、胸怀和实力。读万卷书不如行万里路，在座的各位多走走、多看看，男人的胸怀是宽广的，在失败时练出来的激情才是真正的激情，实力是你的抗击打能力，也许这是最好的机会。”

在马云的带领之下，阿里巴巴取得了非常大的成就，但是作为企业最高领导者的马云并没有给自己过高的控股权和控制权。这是因为马云从以往的经历以及很多企业失败的例子中得出经验：如果一味地强调控制权和控股权，会使企业陷入争斗，不但会对企业的发展产生不好的影响，严重的话还会使企业发展陷入绝境。在创办中国黄页时，马云就曾因为没有掌握企业的控制权而失去了发言权，最终离开了中国黄页。所以在创办阿里巴巴时，马云格外注意这个问题，他说：“第一天我就不想控股，一个 CEO，一个公司的‘头’绝对不能用自己的股份来控制这家企业，而是应该用智慧、胸怀、眼光来管理领导这家企业，如果你发现所有的人是因为你控股而跟着你，那是没有意义的，因为这只是一批乌合之众跟着你。”

要想成为一个优秀的创业者要有眼光、胸怀和实力。这样的领导者才能带领企业走向美好的未来，如果一个领导者只是凭借权力和金钱领导企业，那么这个领导者很难取得成功。因为真正的领导力是用眼光、胸怀和实力铺就和练成的。

完善企业领导力

成功是每一个创业者向往和追求的目标。但是成功远没有想象中的那么简单，不是你努力了就会成功，努力只是获得成功的一个条件，而想要得到真正的成功，就需要创业者在创业的过程中不断地完善自身的领导力。在企业的发展中，创业者需要具备眼光、胸怀和实力，而这些能力并不是与生俱来的，需要创业者不断学习、不断改进才能获得。

被誉为“金融天才”的索罗斯，出生时并没有很好的条件。索罗斯 17 岁时，从匈牙利流浪到伦敦，以做小工维持生计。但他有很大的志向和超强的能力，并通过自己的努力，涉足金融界，且一发不可收拾，最终成为世界瞩目的金融天才。索罗斯就像是宗教里的神一样，主导着全球的金融市场，他的一言一行直接影响着商品或货币交易行情的变化。他投资黄金买卖时，黄金价格急速上升；他投资伦敦房地产时，原来一直处于颓废状态的房地产价格得以迅速扭转；他质疑德国马克的价值时，德国马克汇价立即下跌。在创业的过程中，索罗斯每一次的成功和希望，都是他成长的标记，他在这些过程中不断提高自己的企业领导力，并依靠自己的能力打下了一片属于自己的天空。

在当今这个竞争激烈的社会，企业要想在全球化的竞争中生存发展，领导力是企业保持竞争优势的关键因素。对于创业者来说，只有不断摔倒才会不断进步，每一次经历都会有所收获，不断完善自身的领导力，才能在今后的工作中不断相互配合，增强企业凝聚力。

9. 以前我的生活是工作，以后我的工作是生活

在2013年IT峰会上马云谈了一些人生感悟：“人生来世间，不是用来工作的，而是享受人生的。无论你的事业多么的成功，然而人生真的不仅仅是工作，如果你一直忙着做事情一定会后悔……明天开始，我将有我自己新的生活。我是幸运的，在我48岁时，就可以离开我的工作，48岁之前工作是我的生活，明天开始，生活将是我的工作。”人生在世，不只是为了工作，而工作的目的也不只是为了工作而工作，人生除了工作，还有生活。

生活和工作都要以快乐为基准

在阿里巴巴一直流传着这样一句话“上班像疯子，下班笑眯眯”。马云对员工和自己的要求是，阿里巴巴的任何一位员工不要把工作看成一种负担。在马云看来，没有笑脸的公司是痛苦的。马云说：“虽然大家都是平凡人，但平凡人在一起就能够做出不平凡的事。要想不平凡，就要在工作的时间里全身心地投入工作，在下班后带着微笑回家。”

在阿里巴巴，马云一直强调两件事情：一是激情；二是快乐。在马云看来，快乐是人生的一条重要信条，无论是生活还是工作，

都应以其为基准。马云在创建阿里巴巴时首先思考的就是：如何让员工快乐地工作。艰难困苦是不可避免的，但他希望大家能够拥有一个愉悦的工作氛围，在这样的企业环境中，每个人才能够真正地发挥自己的潜力，给企业注入活力。而马云也是一个能给同事和员工带来快乐的人。在阿里巴巴的办公室里挂着一幅头蒙面纱的“新疆姑娘”的照片，这是马云在阿里巴巴与雅虎共同举办的联欢晚会上拍的，在这场晚会上，马云如此装扮，就是为了给员工带来快乐，逗大家一笑。马云就是这样一个给员工带来快乐的创业者。娱乐自己快乐别人。

阿里巴巴与其他公司还有一点不同就是：它不会对员工的工作时间进行限制。在阿里巴巴，只要你能有效地完成工作任务，什么时候上下班都可以。之所以采用如此宽松的制度，阿里巴巴并不是随意制定的，而是经过对企业发展的各个方面的因素进行综合考虑的结果。互联网的研发工作对技术的要求非常高，换句话说，就是对人脑的要求高，因而公司希望员工始终保持着最佳的状态来工作。如此一来，效率高，心情好，这才是企业追求的工作状态。为了创造出愉悦的工作环境，马云在硬件环境和软件环境上都下了许多功夫。公司内部整体结构以金属为主，同时配以岩石，又多了一些大自然的气息，让人感觉很轻松。这样的工作环境自然给企业员工带来极致的办公享受。

生活和工作都要以快乐为基准，企业员工心情舒畅了，工作效率自然就提高了，才能够促使企业健康长久地发展下去。互联网的发展需要团队的力量，而一个愉快的工作环境有利于培养企业的默契度，马云说："互联网事业需要所有人齐心协力地做起来，没有人可以在互联网公司按部就班，互联网公司需要跨部门配合，要靠团队的力量。"阿里巴巴的快乐文化是阿里巴巴长久发展的秘诀。

把机会让给年轻人

2013年，马云正式宣布自己退休。按照马云的说法，他为了辞去阿里巴巴的CEO，思考了9年，计划了6年，实行了3年，在2013年基本没有在公司待多长时间，都是让团队处理事情，以此锻炼他们的能力。对于自己的退休马云表示："互联网是4×100米接力赛，你再厉害，也只能跑一棒，应该把机会让给年轻人。"

2013年5月10日，马云与李连杰一起为太极馆揭幕。早在2011年，马云就和李连杰一起成立了太极禅国际发展公司。马云对太极的迷恋程度很深，他不但打太极锻炼身体，也常常从太极这项运动中获得哲学上的思考，比如阴阳两界、收放进退等。对于退休这件事，马云很早之前就开始思考了，但是始终没有拿定主意，他通过太极学会了"放"，马云说："有时候人会太在乎自己，就会太想得到一些东西。人要成功，一定要有永不放弃的精神，然而当你学会放弃时，才真正地开始进步。"马云在IT峰会演讲中说道："看到你们，看到中国的年轻人，我不希望有一天我们这些人再来一个致我们逝去的中年。这世界谁也没把握你能红五年，谁也没有可能说你会不败，你会不老，你会不糊涂。解决你不败、不老、不糊涂的唯一办法，就是相信年轻人！因为相信他们，就是相信未来。"

马云在演讲中还对年轻人提出了寄语："今天请大家不要抱怨，

如果你们想成功，就要积极乐观地看待任何问题，这个时代还不是你的。我刚才就说了，现在你们有权利抱怨，但你们没有资格抱怨。等你们四五十岁的时候，你们有资格抱怨，但你们没有权利抱怨，你们必须把它干好。今天你们没有坐到那个位置，20 年以后别让我们抱怨你们，你们当年吹得很牛，现在轮到你们干，你们试试看。所以准备 20 年以后成功的你们，中国是你们的。毛主席说，世界是年轻人的。我今天觉得他讲得太对了，世界一定是你们的！你们没坐到那个位子的时候，你们不知道坐那个位子有多么痛苦。”

对于各行各业来说，年轻人都是未来行业中一个个奇迹的创造者，马云把机会让给年轻人，是对年轻人的信任，同样也是一种期待。马云说：“以前我的生活是工作，以后我的工作是生活。”未来是属于年轻人的，而马云在阿里巴巴的成长中领略人生，对于现在的马云来说，工作更是一种生活。

10. 所谓信仰，信是感恩，仰是敬畏

2014 年 6 月，在杭州西溪湿地的太极禅院，马云和稻盛和夫进行了一次对话，距离两人上次见面已过去六年时间。在谈到马云的 102 年的目标时，他说：“稻盛先生，我是度日如年。我特别感谢您，说我现在很谦虚。其实，我也没有特别值得骄傲的事。因为时

代的运气，这么多人的努力，几万名员工的付出，才有今天的结果。我更明白，当年我们是从哪里来的，我们有什么，我们要什么，我们又该放弃什么？我们都是穷孩子出身，一点一滴地做出来的。这么多年来，有两点特别重要：一是感恩之心，感恩今天，感恩昨天；二是敬畏之心。所谓信仰，信就是感恩，仰就是敬畏。我们到今天为止运气都特别好，但未必明天运气还这么好。我们就是把这些想明白了。”马云是这样说的，也是这样做的。他对过去充满了感恩，对未来充满了敬畏。

感恩过去

2016 年 5 月 8 日，马云就任中国企业家俱乐部主席。马云在履职演讲中说：“中国企业家群体必须处理好四个关系：跟金钱的关系、跟政府的关系、跟全球的关系、跟过去和未来的关系。”在说到如何处理好跟过去和未来的关系时，马云说道：“没有过去的积累，没有改革开放三十多年中国经济的积累，就不可能有今天。所以，对昨天我们永远要有感恩之心。企业家群体要有信念，每一个真正的领导者必须有坚强的信念，我们对昨天充满着感恩，对未来充满着敬畏，对今天充满着珍惜。”懂得感恩是一种企业文化，懂得感恩才能够在激烈的市场竞争中拥有立足之地。

2014 年阿里巴巴在美国上市，阿里巴巴集团董事局主席马云通过内部邮件向阿里巴巴员工宣布，阿里巴巴集团正式向美国证券监管委员会递交上市注册登记书，并提醒全体阿里巴巴人，感恩过去，敬畏未来。自 1999 年成立至今，阿里巴巴已发展成为全球最大的在线电子商务企业。在阿里巴巴刚成立时，马云就提出了“让天下没有难做的生意”的企业目标，其目标是帮助更多的小企业创业和发展。15 年来，阿里巴巴一步步建立起消费者电子商务、网上支付及云计算等多个领域的行业标准，在天猫、淘宝、阿里巴巴国际站、1688 等电子商务平台上聚集了千万量级的企业、个人卖家以及亿量级的消费者，并带动了包括营销联盟、物流供应商、独立软件提供商等一系列互联网第三方服务商的发展，奠定了整个电子商务生态系统的基础。即使阿里巴巴现在已经取得了这么傲人的成绩，但马云依旧非常低调，并且懂得感激，感激这个时代，感激阿里巴巴的每一位员工。马云说：“我们明白，我们不是因为多么努力或多么聪明能干走到了今天，而是因为我们幸运地生活在这个时代。感谢互联网，感谢生气勃勃的年轻人，感谢一路相伴的创业者和追梦人，感谢这个国家改革和开放的进程……”

马云把这种“感恩文化”不断地传递，也正是因为感恩过去，才能更加认真地对待未来。这是阿里巴巴十分重要的企业文化，也是阿里巴巴的重要信仰。

敬畏未来

企业在发展的过程中，要有一颗对未来的敬畏之心，才能以长远的目光谋划未来。对于互联网行业来说，未来是十分飘渺的，无法确定的。因为新生事物层出不穷，产品的更新换代为消费者提供了越来越多的选择。互联网的未来在哪里？创业者只能跟着时代潮流走，根据消费者的需求开发新的产品。对于互联网行业的不确定，电子商务又该何去何从？阿里巴巴首席人力资源官兼小微金融服务集团 CEO 彭蕾说：“对未来不确定，要保持敬畏之心。”敬畏未来，企业才能走得更远。

2013 年 5 月 28 日，由阿里巴巴集团牵头的物流项目“中国智能骨干网”（简称 CSN）在深圳正式启动。马云在会上对为什么取名为“菜鸟网络”解释说：“为什么取菜鸟的名字？我刚刚做互联网的时候，很多人说我是一只菜鸟，但正是因为我们这批菜鸟，马化腾、李彦宏，所有这些菜鸟到今天变成了不一样的鸟，今天淘宝千万级别的卖家，中国无数小的卖家，所有在网上做电子商务的都是菜鸟，只有菜鸟才能飞向千家万户。笨鸟先飞，飞了半天还是笨鸟，而菜鸟还有机会变成好鸟。我们取这个名字意在不断提醒自己我们要对社会有敬畏之心，对未来有敬畏之心，我们希望自己成为一只勤奋、努力、不断学习、对未来有敬畏、对昨天有感恩的鸟。”菜鸟网络是马云为了解决物流问题而成立的网络平台，针对当前互联网行业的巨大发展潜力，马云对物流不敢有一丝的马虎，对于未来中国互联网的发展，更是提前做好准备，迎接未来的挑战。马云要求参与者接受一个附加条件，那就是在未来 5 年到 8 年的时间里要不计回报地继续投入。马云认为物流是阿里巴巴未来制胜的关键，同样也是互联网未来发展的关键。

企业只有对未来心生敬畏，才能在行业中有一番作为。一个企业，如果对未来没有敬畏之心，那么这个企业不会有什么大的作为，在历史的长河中，也只是稍纵即逝。只有真正懂得感恩过去、敬畏未来的企业，才能走得长远，成就伟业。

图书在版编目（CIP）数据

马云：格局决定一切 / 张莉平著 .—北京：时事出版社，2017.1（2019.8 重印）

ISBN 978-7-5195-0066-5

Ⅰ . ①马⋯ Ⅱ . ①张⋯ Ⅲ . ①电子商务 - 商业企业 - 企业管理 - 经验 - 杭州 Ⅳ . ① F724.6

中国版本图书馆 CIP 数据核字（2016）第 301323 号

出 版 发 行：时事出版社
地　　　址：北京市海淀区万寿寺甲 2 号
邮　　　编：100081
发 行 热 线：（010）88547590　88547591
读者服务部：（010）88547595
传　　　真：（010）88547592
电 子 邮 箱：shishichubanshe@sina.com
网　　　址：www.shishishe.com
印　　　刷：大厂回族自治县德诚印务有限公司

开本：787 × 1092　1/16　印张：20　字数：214 千字
2017 年 1 月第 1 版　2019 年 8 月第 9 次印刷
定价：38.00 元
（如有印装质量问题，请与本社发行部联系调换）